# JUSTO L. GONZÁLEZ
# Y PABLO JIMÉNEZ

# CÓMO PREDICAR EL CREDO DE LOS APÓSTOLES

©2018 Por Justo L. González y
Pablo Jiménez

Revisión
*Vernon Peterson*

Portada
*Souto — Marcas Vivas*

Diagramación
*Sonia Peticov*

Editor
*Juan Carlos Martínez*

Coordinador de producción
*Mauro W. Terrengui*

1ª edición — Agosto de 2018

Impresión y acabado
*Imprensa da Fé*

Todos los derechos reservados para:
Editorial Hagnos Corp.
9382–9398 NW 101 ST,
MEDLEY FL 33178 U.S.A.
E-mail: editorial@editorialhagnos.com
www.editorialhagnos.com

---

**Catalogación en la publicación (CIP)
Angélica Ilacqua CRB-8/7057**

---

González, Justo L.

Cómo predicar el credo de los apóstoles / Justo L. González, Pablo A. Jiménez. — São Paulo : Hagnos, 2018
224 p.

Bibliografia
ISBN 978-85-7742-223-4

1. Credo apostólico   2. Predicación   I. Título   II. Jiménez, Pablo A.

18-0444                                         CDD–238.11

---

*Las puntuaciones de catálogo sistemático:*
1. Credo apostólico

# † Contenido

El Credo de los Apóstoles — 5
Introducción — 7

## PRIMERA PARTE:
### Introducción al Credo de los Apóstoles

1. Importantes aclaraciones preliminares — 13
2. Creo en Dios Padre — 25
3. Todopoderoso, creador del cielo y de la tierra — 40
4. Y en Jesucristo, su único Hijo, Señor nuestro — 53
5. Quien fue concebido por el Espíritu Santo, nació de la Virgen María — 63
6. Sufrió bajo el poder de Poncio Pilato, fue crucificado, muerto y sepultado — 72
7. Descendió a los infiernos — 83
8. Al tercer día se levantó de entre los muertos — 90
9. Ascendió al cielo, y está sentado a la diestra de Dios Padre — 98
10. De donde vendrá a juzgar a los vivos y a los muertos — 104

11. Creo en el Espíritu Santo 110
12. La santa iglesia católica, la comunión
de los santos 118
13. El perdón de los pecados 126
14. La resurrección del cuerpo y la vida perdurable 133

## SEGUNDA PARTE:
### Sermones sobre el Credo de los Apóstoles

15. Algunas consideraciones preliminares 143
16. ¡Creo! 147
17. Creo en 152
18. Creo en Dios, Padre 157
19. Creo en Jesucristo, nuestro Señor 162
20. Concebido del Espíritu Santo 167
21. Padeció bajo el poder de Poncio Pilato 172
22. Descendió a los infiernos 177
23. Resucitó al tercer día 182
24. Subió a los cielos 187
25. Juzgará a vivos y muertos 192
26. Creo en el Espíritu Santo 197
27. Creo en la Iglesia 202
28. Creo en el perdón de los pecados 208
29. Creo en la vida perdurable 213

*Epílogo* 219
*Bibliografía* 221

✝

## El Credo de los Apóstoles

*Creo en Dios*
*Padre Todopoderoso,*
*Creador del cielo y de la tierra;*
*Y en Jesucristo,*
*Su único Hijo, Señor nuestro;*
*Que fue concebido del Espíritu Santo,*
*Nació de la virgen María,*
*Padeció bajo el poder de Poncio Pilatos;*
*Fue crucificado, muerto y sepultado;*
*Descendió a los infiernos;*
*Al tercer día resucitó de entre los muertos;*
*Subió al cielo,*
*Y está sentado a la diestra de Dios Padre Todopoderoso;*
*Y desde allí vendrá al fin del mundo*
*A juzgar a los vivos y a los muertos.*
*Creo en el Espíritu Santo,*
*La Santa Iglesia Universal,*
*La comunión de los santos,*
*El perdón de los pecados,*
*La resurrección de la carne*
*Y la vida perdurable.*
*Amén.*

# † Introducción

*Por Pablo A. Jiménez*

Hace varios años, cuando vivía en Atlanta, Georgia y servía como Director Ejecutivo de la Asociación para la Educación Teológica Hispana (AETH), Justo González y yo hablamos por primera vez sobre la posibilidad de publicar un libro sobre cómo predicar el Credo de los Apóstoles. La conversación ocurrió sobremesa, como tantas otras, y escribí las sugerencias de Justo en una servilleta que guardé por algún tiempo. Justo sugirió hacer un libro en conjunto, explorando las diversas partes del Credo en capítulos separados, como por ejemplo Creo, Creo en, Dios, Padre, Todopoderoso, y otros.

El proyecto permaneció en mi mente desde aquel momento, aflorando de tiempo en tiempo. Sin embargo, mi transición a otros lugares de ministerio interrumpió mi contacto regular con Justo, alejando la posibilidad de una colaboración efectiva en el proyecto. Por un tiempo pensé emprender el proyecto solo, pero en realidad mi conocimiento del Credo era muy limitado, lo que impedía que escribiera este libro sin la ayuda de Justo.

Todo cambió durante un viaje a Atlanta para una Asamblea de AETH donde Justo me regaló un ejemplar de su nuevo libro en inglés que ofrecía una concisa explicación del Credo. Eso me animó a probar si era posible predicar el Credo en una Iglesia protestante y evangélica como la mía, que pertenece a una tradición libre donde el Credo brilla por su ausencia.

Para predicar el Credo me vi obligado a leer varios libros, pero ninguno fue tan útil como el escrito por Justo. Fue en ese momento que surgió la idea de combinar su libro y mis sermones sobre el Credo en un solo volumen. Así nació este libro.

## POR QUÉ PREDICAR EL CREDO

Este libro tiene el propósito de ayudar a todas las personas interesadas en el arte cristiano de la predicación a preparar y presentar sermones sobre las doctrinas centrales de la fe. El Credo es un instrumento muy efectivo para lograr ese objetivo, dado que es la declaración de fe más antigua de la Iglesia. Sus orígenes se remontan a la Iglesia Primitiva, razón por la cual toca los puntos centrales que todo verdadero cristiano debe creer.

Contrario a lo que muchos piensan, el Credo no es un documento "católico". No fue creado por la Iglesia Católica Romana; más bien, se escribió antes de la era de Constantino. Los puntos doctrinales que cubre el Credo son tan importantes que definen si una iglesia, concilio o denominación es una entidad verdaderamente cristiana.

Por lo tanto, presentamos este recurso con el doble propósito de avanzar el conocimiento de las doctrinas cristianas tanto como fomentar la práctica de la predicación doctrinal en nuestras congregaciones.

## ESTRUCTURA DEL LIBRO

Dividimos este libro en dos partes. La primera, escrita por Justo L. González, se titula "Introducción al Credo de los Apóstoles". Comienza con un capítulo que presenta aclaraciones preliminares importantes, seguido de trece capítulos adicionales que exploran el mensaje del Credo de los Apóstoles.

La segunda parte del libro, escrita por este servidor, se titula "Sermones sobre el Credo de los Apóstoles" y comienza con algunas consideraciones preliminares contenidas en el capítulo 15. La serie de sermones ocupan los capítulos 16 al 29, exponiendo el mensaje de cada frase del Credo. La sección termina con un epílogo, y el libro termina con una breve bibliografía.

## ¡GRACIAS!

Agradecemos su atención a este volumen que publicamos con amor, esperando que sea de bendición a su vida y a la vida de los suyos. Nuestra gratitud también va dirigida a Editorial Hagnos, la casa que amablemente ha publicado este escrito. También damos gracias a nuestras respectivas familias, quienes nos dan el espacio necesario para trabajar en estas tareas académicas. Finalmente, agradecemos a Dios — Padre, Hijo y Espíritu Santo — quien merece toda la gloria, por los siglos de los siglos. AMÉN.

**PRIMEIRA PARTE**

# Introducción al Credo de los Apóstoles

*por Justo L. González*

# 1 † Importantes aclaraciones preliminares

## EL CREDO NO FUE COMPUESTO POR LOS APÓSTOLES

¿De dónde proviene el Credo Apostólico? Según una leyenda que data del siglo cuarto, cuando los doce apóstoles se preparaban para salir por todo el mundo llevando las buenas nuevas del evangelio, decidieron ponerse de acuerdo en cuanto a lo que enseñarían. Cada uno fue sugiriendo lo que le parecía importante, y de ahí surgió lo que hoy llamamos el Credo de los Apóstoles. Poco después, en el siglo cuarto, el escritor y exégeta Rufino de Aquilea escribió un Comentario sobre el Credo en el cual tomaba la leyenda por cierta, y la aumentaba. Y para el siglo sexto un autor anónimo compuso un sermón que después se le atribuyó erróneamente a Agustín (y que todavía aparece frecuentemente como el Sermón número 240 de Agustín). Según ese predicador, el Credo fue compuesto el día mismo de Pentecostés, cuando el Espíritu Santo, además de darles a los apóstoles el don de lenguas, les fue inspirando a cada uno de ellos una cláusula del Credo, a fin de que al salir por el mundo todos enseñaran lo mismo. Hoy vemos que parte del propósito de toda esa leyenda era darle al Credo una autoridad paralela a la de las Escrituras — sobre todo por cuanto eran pocos los creyentes que tenían acceso a la Biblia, y por tanto era importante memorizar algo de las enseñanzas cristianas fundamentales.

Según esa versión de la leyenda, cada cual fue contribuyendo lo que el Espíritu le inspiraba, como sigue:

> Pedro: "Creo en Dios Padre Todopoderoso, Creado del cielo y de la tierra."
> Andrés: "Y en Jesucristo, su único Hijo, Señor nuestro."
> Santiago: "Quien fue concebido por el Espíritu Santo, nació de la Virgen María."
> Juan: "Fue crucificado, muerto y sepultado."
> Tomás: "Descendió al lugar de los muertos. Al tercer día resucitó."
> Santiago el menor: "Ascendió al cielo, y está sentado a la diestra del Padre."
> Felipe: "Y vendrá otra vez a juzgar a los vivos y los muertos."
> Bartolomé: "Y Creo en el Espíritu Santo."
> Mateo: "La santa iglesia católica, la comunión de los santos."
> Simón: "El perdón de los pecados."
> Tadeo: "La resurrección de la carne."
> Matías: "La vida perdurable."

Esta leyenda fue generalmente aceptada durante toda la Edad Media, sobre todo porque parecía contar con la autoridad de San Agustín. Sin embargo, siempre hubo quien expresara dificultades al tratar de dividir el Credo en doce cláusulas con lo cual acertaban, pues la única razón por la que se decía que el Credo tenía doce cláusulas o afirmaciones era para poder repartirlas entre los apóstoles.

Donde único surgieron voces de duda o de crítica fue entre los cristianos llamados "orientales"; es decir, principalmente primero entre los de habla griega y luego los rusos. Aquellas iglesias nunca habían empleado ni recitado el Credo Apostólico que se empleaba únicamente en las iglesias occidentales, las de habla latina. Según fueron surgiendo diferencias y tensiones entre los cristianos occidentales y los orientales, estos últimos comenzaron a sospechar y luego a declarar que el credo supuestamente apostólico no era sino una invención de las iglesias occidentales con el propósito de reclamar para sí un credo más antiguo que el que usaban todas las iglesias. Como veremos más adelante, ese otro credo, el llamado Credo de Nicea o Niceno, había sido compuesto en el siglo cuarto. Luego, los orientales veían en el uso del Credo Apostólico por parte de los occidentales un intento de reclamar para sí un credo más antiguo que el niceno. Por ello rechazaban la leyenda según la cual el Credo Apostólico había sido compuesto por los apóstoles, con lo cual tenían razón. Pero al declarar que se trataba de un credo de invención reciente se equivocaban, pues los orígenes del Credo Apostólico se remontan al siglo segundo, y por tanto a casi doscientos años antes que el Niceno.

No fue sino hasta el siglo XV, poco antes de la Reforma Protestante, que algunos eruditos occidentales comenzaron a expresar dudas acerca de las leyendas sobre el origen del Credo. A partir de entonces, una larga serie de investigaciones que tomaron más de dos siglos llevó a los estudiosos del tema a la conclusión general que hoy sostienen los historiadores. Sin embargo, en cuestiones de detalles todavía hay algunos temas en discusión.

Hoy sabemos que los orígenes del Credo Apostólico se remontan solo hasta mediados del siglo segundo, cuando ya se utilizaba en Roma una fórmula muy parecida a nuestro Credo de hoy. Puesto que parece haberse originado en Roma, los historiadores le dan a esta fórmula el nombre de "R", por Roma. A partir de entonces, y cada vez con mayor frecuencia, encontramos entre los escritores cristianos de Occidente fórmulas muy parecidas entre sí, y todas relacionadas con R, pero cuyas mismas variantes dan a entender que el Credo no era un texto fijo, sino que aparentemente variaba de región en región. Podemos ver algunos ejemplos de esas variantes dentro de un bosquejo común en diferentes textos antiguos.

En la misma ciudad de Roma, en el siglo tercero, Hipólito afirma que desde mucho antes de su tiempo se acostumbraba plantearles tres preguntas a los candidatos al bautismo: (1) ¿Crees en Dios Padre Todopoderoso? (2) ¿Crees en Jesucristo, el Hijo de Dios, quien nació por el Espíritu Santo de la Virgen María, fue crucificado bajo Poncio Pilatos, murió, y al tercer día resucitó, vivo de entre los muertos, y ascendió al cielo, y se sentó a la diestra del Padre, y vendrá a juzgar a los vivos y los muertos? (3) ¿Crees en el Espíritu Santo, la santa iglesia, y la resurrección de la carne?

El texto de Rufino, a que ya nos hemos referido, dice: "Creo en Dios Padre Todopoderoso; y en Jesucristo su único Hijo, nuestro Señor, quien nació del Espíritu Santo y de la Virgen María, quien bajo Poncio Pilatos fue crucificado y sepultado, el tercer día se levantó de entre los muertos, ascendió al cielo, y está sentado a la diestra del Padre, de donde vendrá a juzgar a los vivos y los muertos; y en el Espíritu Santo, la santa iglesia, el perdón de los pecados y la resurrección de la carne."

Los dos textos citados provienen de Roma. Sin embargo, desde antes de eso encontramos textos parecidos en autores tales como Ireneo, quien vivió en Galia (hoy Francia) hacia fines del siglo segundo, y de Tertuliano, quien vivió poco después en el norte de África. El hecho de que todos estos textos se asemejan muestra que había al menos un bosquejo común que parece haberse seguido en todas las iglesias de la porción occidental del Imperio Romano. Por otro lado, muestra que dentro de ese bosquejo las palabras no eran siempre las mismas. Así, el modo más frecuente en que los antiguos escritores cristianos se refieren a todo esto es llamándolo "la regla de la fe". Es decir, no era una fórmula literal y exactamente la misma en todos los lugares, sino una regla común, una medida común que se expresa en las diversas versiones de lo que después vendría a ser el Credo Apostólico. Así, por ejemplo, Ireneo declara que los celtas entre quienes trabaja no pueden leer la Biblia, pues su idioma no tiene forma escrita, pero que a pesar de ello no se apartarán de la recta doctrina, pues conocen "la regla de fe".

La estructura fundamental de R, y luego del Credo Apostólico, así como de todos los credos clásicos, proviene de su uso inicial en el bautismo. Si bien el intento de dividir el Credo en doce cláusulas para atribuirle una a cada apóstol resulta forzado, no cabe duda de que todos estos credos tienen tres cláusulas fundamentales (aunque no de igual longitud): la primera se refiere al Padre, la segunda al Hijo, y la tercera al Espíritu Santo. Esto es reflejo de la fórmula fundamental del bautismo: "en el nombre del Padre, y del Hijo y del Espíritu Santo". Luego, es dable pensar — y la historia lo comprueba — que lo sucedido fue por causa de una serie de razones, que iremos viendo más adelante, y cada una de esas tres cláusulas principales se fue extendiendo para responder a retos del momento. Además, hay indicios de que en algunas iglesias se incluían temas que eran de especial interés en ese lugar.

Como se ve en el texto de Hipólito citado más arriba, el contenido del Credo — o, más exactamente, de R — se presentaba en forma interrogativa. Las tres preguntas que Hipólito señala se le planteaban al neófito al momento de su bautismo, aparentemente cuando ya estaba en el agua. Cuando el neófito respondía afirmativamente a cada pregunta, o bien se le sumergía o bien se le vertía una buena cantidad de agua sobre la cabeza, como en un baño. Antes de ese momento sería necesario explicarle al neófito el significado de estas preguntas. Esa explicación tenía lugar durante las últimas semanas de preparación para el bautismo — semanas que más tarde fueron evolucionando para darle origen a la Cuaresma. Al menos en el siglo cuarto, y posiblemente desde mucho antes, la explicación del Credo era el punto culminante de la preparación para el bautismo. Esa preparación normalmente tomaba al menos dos años. Al principio de ella, se decía poco acerca de las doctrinas del cristianismo. Quienes se preparaban para el bautismo — los llamados "catecúmenos"— asistían regularmente a la primera parte del culto de la iglesia, que se reconocía por el nombre de "servicio de la Palabra". Allí escuchaban la lectura e interpretación de la Biblia. (No olvidemos que en tiempos antes de la imprenta los ejemplares de los textos sagrados eran escasos, además de que buena parte de los conversos eran analfabetos.) Lo que se les enseñaba principalmente durante ese tiempo de preparación era la práctica de la vida cristiana. En medio de una sociedad hostil, era necesario que antes de recibir el bautismo cada candidato no solo conociera, sino que también practicara los principios de la vida cristiana, además de experimentar el costo que tal vida podía acarrear. Por fin, hacia el fin de esos dos años de preparación, los candidatos al bautismo recibían instrucción acerca de la doctrina cristiana, y sobre todo acerca de los puntos que el Credo recalcaba.

En ese momento, antes de empezar la instrucción sobre el Credo, los catecúmenos eran llamados "competentes"; es decir, personas capaces de recibir el bautismo. Era entonces que el obispo o pastor se hacía cargo directo de su instrucción, que hasta entonces había estado principalmente a cargo de otras personas preparadas para ello. El punto culminante de esa instrucción era lo que se llamada la "entrega del Credo", cuando se les explicaba a los neófitos el Credo y lo que cada una de sus afirmaciones quería decir. A esto seguía la "devolución del Credo", en la que los candidatos no solo repetían lo aprendido, sino que también debían dar muestras de haberlo entendido. En algunos casos se hacía también una "devolución del Credo" ante el resto de la congregación inmediatamente antes del bautismo. Entonces, en el rito mismo del bautismo, como hemos visto por la cita de Hipólito, se le presentaba a cada candidato la serie de tres preguntas, a las que debía responder afirmativamente. Todo esto implicaba que para la congregación misma el Credo era una reafirmación de los votos que habían hecho y de la fe que habían proclamado en su bautismo.

Fue solamente después que el Imperio se declaró cristiano, en el siglo cuarto, cuando la sociedad entera vino a ser al menos nominalmente creyente, que todo esto empezó a cambiar. Aunque desde el siglo segundo se había acostumbrado bautizar a los párvulos hijos de creyentes, la inmensa mayoría de quienes recibían el bautismo eran adultos quienes por tanto podían aprender el Credo y afirmarlo en ocasión de su bautismo. De esa manera, cuando se empezó a dar por sentado que la sociedad era cristiana en su totalidad, fue disminuyendo el número de adultos que recibían el bautismo y aumentando el de los párvulos; la antigua conexión entre el bautismo y el Credo se fue olvidando.

## EL CREDO NO ES UN RESUMEN DE LA FE CRISTIANA

Todo esto nos lleva a deshacernos de otra idea errada acerca del Credo, y en realidad, de todos los credos. Muchos piensan que un credo, y ciertamente el Apostólico, es un resumen de la fe cristiana, pero en realidad no es así. Cada credo fue compuesto en un momento particular a fin de reafirmar aquellos puntos de la doctrina que algunos negaban o tergiversaban. Nótese, por ejemplo, que el Credo Apostólico no menciona ni una sola palabra acerca del pecado, de la salvación, o de la Santa Cena. Todos estos temas son importantes, pero el Credo no los menciona porque en ese momento el debate giraba en torno a otras cuestiones. Es por eso que el Credo Apostólico dice mucho acerca del Hijo, bastante menos acerca del Padre, y todavía menos acerca del Espíritu Santo. Esto no quiere decir que el Hijo sea más importante que el Padre o que el Espíritu Santo. Esto se debe a que mucho de lo que se debatía en esos tiempos, y que algunos negaban, era la encarnación de Dios en Jesucristo.

Por otra parte, el Credo Apostólico fue compuesto en tiempos cuando la Iglesia se veía en necesidad de aclarar el carácter de su fe en medio de una sociedad en la que una multitud de dioses y creencias se disputaban los corazones y las mentes. Sin obligar a todos los creyentes a creer exactamente lo mismo y de la misma forma, era necesario darles una fórmula que les ayudara a distinguir la fe proclamada por los apóstoles de toda esa multitud de creencias. Aunque no fue compuesto por los apóstoles, no cabe duda de que el Credo fue compuesto con el propósito de reafirmar la fe de los apóstoles, y que por tanto sí es en cierto sentido "apostólico".

Al tiempo que todos los credos reflejan las condiciones y preocupaciones de sus tiempos, el Apostólico tiene un valor único y permanente para la Iglesia como recordatorio de algunos de los temas centrales de la fe cristiana y como medio de unirnos a todas las generaciones que a través de los siglos han utilizado el Credo como expresión de su fe.

## EL CREDO APOSTÓLICO NO ES DE USO UNIVERSAL

Cuando la mayoría de los protestantes y católicos mencionan "el Credo", se refieren al Apostólico. Puesto que este es el credo que más frecuentemente se emplea, tanto en la Iglesia Católica como entre las iglesias protestantes que hacen uso de algún credo, nos hacemos la idea de que este credo es el más difundido entre todas las iglesias cristianas. Pero no es así. El texto de R, así como su formulación final en el Credo Apostólico, es producto de la iglesia en la ciudad de Roma, y por tanto se emplea generalmente entre iglesias que provienen de la zona occidental del Imperio Romano; es decir, de aquellas regiones en las que se hablaba el latín que son principalmente la Iglesia Católica y las iglesias protestantes. Por la misma fecha en que se estaba formulando R, y este iba evolucionando hacia lo que hoy llamamos el Credo Apostólico, las iglesias de la zona oriental del Imperio, donde la lengua franca era el griego, iban formulando también sus credos. Estas diferían de ciudad en ciudad o de región en región, pero se empleaban todos en el bautismo, y por tanto tenían la misma estructura trinitaria que R.

En el año 325 tuvo lugar la primera reunión de obispos y pastores de todas las zonas del Imperio, y hasta de más allá de sus fronteras... el Concilio de Nicea. Una de las decisiones de ese concilio fue rechazar el arrianismo, doctrina que negaba la eternidad del Hijo y del Espíritu Santo junto al Padre. Para reafirmar esa decisión, el Concilio compuso un credo con el propósito de que fuera empleado en todas las iglesias, aunque siempre se permitiría el uso de otros credos. Poco más de medio siglo más tarde, en el Concilio de Constantinopla (381) se le hicieron algunos cambios a ese credo, aunque se le siguió llamando Credo Niceno. Por tanto, si hoy le pedimos a un cristiano ortodoxo — por ejemplo, ruso, griego, o etíope — que recite "el Credo", en lugar de las palabras que conocemos, "Creo en Dios Padre Todopoderoso, creador del cielo y de la tierra...", nos diría: "Creemos en Dios Padre Todopoderoso, creador del cielo y de la tierra, y de todas las cosas visibles e invisibles..." Más adelante tendremos repetidas oportunidades de comparar el Credo Apostólico con el Niceno, y de ver algunas de las razones por las que difieren entre sí. Baste con reafirmar que, por extraño que nos parezca a los católicos y los protestantes, el Credo Niceno goza de aceptación más amplia que el Apostólico.

Empero en el Occidente de habla latina el Credo Apostólico fue eclipsando al Niceno, sobre todo por razón de su sencillez. Como el Niceno fue compuesto para rechazar y excluir el arrianismo, y en sus orígenes este era un movimiento muy influido por la filosofía, el credo que se compuso contra él resulta bastante difícil de entender y de memorizar. En contraste, la cláusula central del Apostólico gira en torno a una serie de verbos en orden cronológico: "fue concebido... Nació... sufrió... fue crucificado, muerto y sepultado... descendió... resucitó... ascendió...está sentado...vendrá". Por tanto, ya a mediados del siglo quinto era costumbre recitarlo dos veces al día como recordatorio de lo que se creía, y en algunos casos, como supersticioso talismán contra todo mal.

En el siglo noveno, entonces, surgió una controversia entre el Occidente de habla latina y el Oriente de habla griega. Por algún tiempo estas dos ramas de la iglesia se habían ido apartando entre sí, y ahora los griegos se escandalizaron al ver que los latinos le habían añadido una palabra — filioque — al Credo Niceno. Más adelante explicaremos algo más sobre esa palabra y su significado. Por lo pronto, lo que interesa saber es que el papa se encontró, por así decir, entre la espada y la pared. Hacia el este estaba el poderoso Imperio Bizantino, con su capital en Constantinopla, y que todavía tenía amplia influencia en Italia. Hacia el norte estaba el Imperio Carolingio, es decir, de Carlomagno y sus sucesores. Los bizantinos insistían en que añadirle algo al Credo — filioque — era herejía. Las carolingios, más influyentes en Roma que los bizantinos, aceptaban la añadidura, y esperaban que el papa hiciera lo mismo. Aparentemente a fin de evitar el conflicto, tanto el papa como otros que buscaban la paz empezaron a fomentar el uso del antiguo Credo Apostólico, que — aunque no se usaba entre los bizantinos — todos aceptaban como ortodoxo. Seis siglos más tarde, en tiempos de la Reforma Protestante, tanto Lutero como Calvino y la Iglesia de Inglaterra reafirmaron el valor del Credo Apostólico, que debía recitarse con cierta regularidad, y que varios usaron como bosquejo o base para la instrucción catequética. Sin embargo, al mismo tiempo todos siguieron empleando también el Credo Niceno.

Por todo esto, mientras en el Occidente de habla latina y en las muchas de las iglesias que procedían de él — católica, luterana, reformada, anglicana, metodista, etc. — "el Credo" vino a ser el más comúnmente usado — es decir, el Apostólico — en el Oriente de habla griega y rusa y en las iglesias surgidas de él "el Credo" siguió siendo el Niceno. Por eso es que, aunque el Apostólico es el más frecuentemente usado en las iglesias que la mayoría de nosotros conocemos, el Niceno es el que un mayor número y diversidad de iglesias acepta y emplea. Luego, a partir de este punto, cuando en este libro digamos "el Credo", nos referimos al Apostólico, a menos que se indique lo contrario.

† 

### Preguntas para considerar y discutir

1. ¿Cuál ha sido su experiencia con el Credo? ¿Se usa en su iglesia? ¿Por qué sí, o por qué no?
2. Si en su iglesia no se usa el Credo, y usted empezara a usarlo, ¿cómo reaccionaría la congregación? ¿Qué explicaciones podría usted darle?
3. ¿Cree usted que el estudio que ahora emprendemos le ayudará a apreciar más el Credo? ¿Qué espera de él?
4. ¿Habrá algunas cláusulas o afirmaciones del Credo que le parecen más importantes que las demás?
5. Si usted fuera a escribir su propio credo, ¿qué le añadiría al Credo Apostólico? ¿Qué le quitaría?
6. Si cada creyente compusiera y recitara su propio credo, ¿qué consecuencias positivas tendría esto? ¿Qué consecuencias negativas tendría?

# 2 † Creo en Dios Padre

### DIVERSOS MODOS DE "CREER"

Cuando decimos "creo", ¿qué queremos decir? Cuando nos detenemos a pensarlo, vemos que el verbo "creer" tiene varios niveles o grados de significado. Por extraño que nos parezca, en su nivel más bajo "creer" implica duda o falta de certidumbre. Si, por ejemplo, alguien nos pregunta: "¿Le dijo Pedro a María que nos preparara lugar?", y respondemos "creo que sí", ese "creer" en realidad quiere decir que no estamos del todo seguros. Si de verdad estuviéramos seguros, diríamos sencillamente "sí". Pero al decir "creo que sí", estamos dejando abierta la posibilidad de que a Pedro se le olvidara hablar con María, o hasta de que por alguna razón no lo haya hecho y nos haya mentido. Mientras "sí" implica certeza, al añadirle el creer en "creo que sí" implica duda.

A un nivel un poco más alto, "creer" implica tener una opinión, aunque no sea muy firme. En ese caso, al decir "creo" estamos indicando que algo nos parece verdad, pero no estamos seguros de ello, y posiblemente se nos pueda convencer de lo contrario. A este nivel, "creo que" es lo mismo que "pienso que" u "opino que". Si digo, por ejemplo, "Creo que Isabel la Católica empeñó sus joyas para costear el viaje de Colón", estoy indicando que, aunque tal es mi opinión o lo que he oído decir, estoy dispuesto a que se me convenza de lo contrario. En el caso particular del ejemplo dado, si investigo le cuestión con más detenimiento descubriré que la opinión común de que Isabel costeó el viaje de Colón de ese modo no es cierta. Por tanto, tras esa investigación, en lugar de decir "Creo que Isabel...", tendré que decir: "Ya no creo que Isabel..." Pero si en otro caso digo que "Creo que Colón navegó en tres barcos", y tras un proceso de corroboración llego a la certidumbre de que tal fue el caso, ya no diré "Creo que Colón..." sino que diré más bien: "Sé que Colón..."

A un nivel todavía más elevado, el verbo "creer" implica convencimiento, aun cuando otras personas puedan pensar lo contrario. Ese "creer" puede ser el resultado de mi propia investigación, o sencillamente de una decisión a la que he llegado por mis propias razones personales. En ese nivel, al tiempo que yo afirmo que "Creo que Dios existe", otra persona, con igual grado de certidumbre, bien puede decir: "Creo que Dios no existe". Y otra dirá: "Creo que no es posible saber si Dios existe o no". Es a este nivel que muchos entienden la palabra "creo" en el Credo: "Creo en Dios Padre".

Existe, sin embargo, otro nivel más elevado de "creer". En ese nivel, cuando empezamos una oración diciendo "Creo", estamos expresando una certeza absoluta, aun contra quienes no acepten lo que creemos. Esa certeza es tal que estamos dispuestos hasta a jugarnos la vida de ser necesario. Como ejemplo de esto, podemos recordar la historia del médico cubano Carlos Finlay al declarar:

"Creo que la fiebre amarilla es transmitida por mosquitos". Otros médicos le tuvieron por loco o al menos equivocado, pues estaban convencidos de que lo que producía esa enfermedad era la miasma de los pantanos, o el contagio directo con personas enfermas. Pero el "creer" de Finlay era tal que se atrevió a hacer un experimento en extremo peligroso. Se hizo encerrar con varios enfermos en un cuarto a prueba de mosquitos, y pasó varios días con ellos. Al salir de aquella prueba, estaba seguro de que en efecto eran los mosquitos, y no el aire ni el contagio directo los que transmitían la fiebre amarilla. En su caso, cuando dijo antes del experimento, "creo", quería decir "estoy absolutamente seguro, aunque ustedes piensen otra cosa". Ese "creer" es una convicción tan profunda que se está dispuesto a someterla a prueba — a veces a prueba costosa — para mostrarles a otras personas a fuerza de lo que creemos.

Pero hay todavía otro nivel más elevado en el que se emplea el verbo "creer". Es a este nivel que decimos "Creo en..." Aquí "creer" implica confianza absoluta. Si en una piscina o alberca un niño está dispuesto a saltar al agua desde donde su madre le dice "salta", decimos que lo hace porque cree, es decir, confía en su madre. Es aquí que radica la diferencia entre "creer en" y "creer que". En realidad, volviendo al caso de Finlay, podemos decir que se atrevió a hacer su experimento, no solo porque creía que los mosquitos eran el agente transmisor de la fiebre amarilla, sino también porque creía en su teoría. Si solamente hubiera creído que y no creído también en, posiblemente no se hubiese arriesgado como lo hizo.

Cuando en el Credo declaramos que creemos en Dios, lo que estamos diciendo no es solo que creemos que Dios existe — que, frente a quienes piensan lo contrario, sostenemos la opinión de que Dios existe, ni que, tras considerar el asunto detenidamente, hemos llegado a esa conclusión. Bien podemos decir que hasta el Diablo cree que Dios existe, y hasta que está convencido de ello; pero eso no quiere decir que el Diablo crea en Dios. Al afirmar junto al Credo que creemos en Dios, lo que estamos diciendo es que estamos dispuestos a jugarnos la vida porque confiamos en ese Dios, como el niño que salta al agua porque cree en su madre.

## CREER *EN*

Si continuamos explorando los diversos niveles de sentido del verbo "creer", veremos que hay todavía otro sentido todavía más elevado, de modo que no basta con creer en; es decir, en el sentido de confiar. Cuando decimos que estamos en una casa, estamos diciendo que todo nuestro ser está en ella, que la casa nos rodea por todas partes. La casa no es solo el suelo que nos sostiene, sino también las paredes y el techo que nos cobijan. La casa es el contexto en que vivimos, la realidad que nos rodea. Y si en la casa hay una familia, al decir que vivo en esa casa estoy afirmando también una vida común con otras personas que están en ella.

De manera semejante, al afirmar que creemos en Dios no estamos diciendo solamente que creemos que Dios existe. Ciertamente, creer en implica creer que. El niño salta al agua porque cree en su madre, pero también porque cree que ella está ahí. Sin creer que no se puede creer en. Creer en Dios implica creer que Dios existe; pero no se limita a eso, sino que quiere decir además confiar en Dios como el niño confía en la madre, y estar en Dios como se está en una casa. Quiere decir que Dios es tanto el fundamento como el contexto de nuestra vida.

Lo mismo es cierto de las tres cláusulas principales del Credo. Creemos en Dios Padre; creemos en su Hijo; creemos en el Espíritu Santo. Este es el Dios cuya existencia afirmamos, sí — pues creemos que Dios existe. Pero es también el Dios en quien creemos. También creemos que este Dios es creador, que hay una vida eterna. Todo esto es importante, pero el creer en, en su sentido más elevado, le corresponde solo a Dios. Bien podemos y debemos creer con todas nuestras fuerzas que ciertas doctrinas son verdad, pero mucho más importante es creer en este Dios a quien el Credo se refiere.

## DIOS COMO PADRE EN LAS ENSEÑANZAS DE JESÚS

El Credo comienza afirmando fe — el creer en — en "Dios Padre". ¿Qué quiere decir esto? Para la mayoría de nosotros, el afirmar que Dios es "Padre" quiere decir que Dios es amoroso y que está cerca de nosotros. Eso es ciertamente lo que Jesús — y una larga tradición en el judaísmo desde mucho antes — quería decir cuando les hablaba a sus discípulos de "vuestro Padre", cuando les enseñó a orar diciendo "Padre nuestro...", y cuando se refería a Dios como "mi Padre". Jesús estaba hablando principalmente a pescadores y campesinos relativamente pobres, en cuyo contexto social el padre era la persona responsable de proveerles sostén y cuidado amoroso a sus hijos. No les sería muy difícil a quienes le escuchaban entender sus referencias al cuidado de un padre por sus hijos, o a un padre cuyo hijo le pide pan, o un huevo.

Es en el mismo contexto que Jesús cuenta la parábola del Hijo Pródigo. En esa parábola existe una relación directa y estrecha entre el padre y sus dos hijos. En esa relación el amor del padre es tal que perdona al hijo descarriado y celebra su retorno con un festín. El otro hijo, quien protesta el modo generoso y entusiasta en que el padre recibe a su hermano, sencillamente desconoce lo que es el amor de un padre. Sin embargo, la relación es tal que también a este otro hijo el padre trata con amor, ocupándose de explicarle por qué recibe al pródigo con tanto alborozo. La parábola misma implica que el padre espera que mediante esa explicación este otro hijo llegará a entender el verdadero carácter del amor paterno.

## EL CREDO EN SU CONTEXTO

Pero no fue en ese contexto que el Credo surgió. Su contexto era una iglesia en el centro mismo — la capital — del Imperio Romano. En la antigua tradición romana, lo que caracterizaba a un padre no era ante todo su amor, sino su poder. El padre de una familia — el paterfamilas — la dominaba como dueño y señor. Su autoridad sobre sus hijos perduraba hasta tanto él no decidiera emanciparles. Lo normal era que un padre de familia tuviera autoridad casi absoluta sobre varias generaciones de su descendencia. Además, ese padre de familia lo era no solo sobre sus hijos y parientes, sino también sobre todo el resto de la "familia" — la cual incluía hijos e hijas, nietos, esclavos y hasta los antiguos esclavos, quienes, a pesar de haber sido emancipados, eran todavía "clientes" de la familia. Todas estas personas tenían que estar atentas a los deseos y mandatos del padre de familia.

Es de suponerse que en la iglesia de Roma a mediados del siglo segundo — como en cualquier otra iglesia dentro del Imperio — habría muchos para quienes el "padre" no era su primogenitor, sino el padre de su familia, quien sería para ellos un personaje distante e imponente. Habría entre ellos mujeres dadas en matrimonio por sus padres — frecuentemente sin su consentimiento — y quienes ahora eran parte de la familia de sus esposos. Si ese esposo era el paterfamilias, tales mujeres le estarían sujetas directamente. Si no, tanto ellas como sus esposos estarían bajo la autoridad del padre de familia. Habría esclavos cuyos padres naturales les habían dejado expuestos a la intemperie — cosa que era perfectamente legal y aceptable en la cultura y las leyes romanas — para morir allí o ser recogido por alguien que les criaría para luego venderles como esclavos.

La autoridad del padre de familia era tal que podía decir quiénes de los nacidos dentro de su familia serían aceptados, y quiénes no. La costumbre tradicional romana era que cuando nacía un niño o una niña se le colocaba en el suelo y se le notificaba al padre de familia. Este entraba entonces a la habitación para decidir qué hacer con el recién nacido. Si le tomaba del suelo, era parte de la familia. Si no, sencillamente se le abandonaría en un lugar determinado dedicado a tales efectos. Naturalmente, el cristianismo se oponía a tales prácticas. Los escritores cristianos de la antigüedad frecuentemente las citaban como prueba de la superioridad moral de la fe cristiana. Además, puesto que frecuentemente quienes recogían a los abandonados eran cristianos, pronto corrió el rumor de que los cristianos sacrificaban y comían niños.

Por todo esto, cuando muchos de los escritores cristianos a partir del siglo segundo se referían a Dios como "Padre", lo que buscaban subrayar era la trascendencia divina y el poder infinito de ese Dios, quien era la distante e impenetrable fuente de todo ser. Aproximadamente al mismo tiempo que el Credo estaba tomando forma en Roma, en esa misma ciudad el filósofo cristiano Justino Mártir escribía que Dios el Padre se encuentra allende todo conocimiento humano, y no se relaciona directamente con este mundo mutable. Según él, quien se relaciona con el mundo no es

Dios Padre, sino el Hijo de Dios — el Verbo de Dios. Fue ese Verbo de Dios quien se paseaba en el huerto cuando los primeros padres pecaron. Fue ese Verbo o Hijo de Dios quien le habló a Moisés en la zarza ardiente y quien sacó a Israel de Egipto. El Padre — como el paterfamilias romano — se encontraba muy por encima de tales asuntos.

Luego, lo más probable es que cuando aquellos cristianos repetían el Credo en el siglo segundo, no estarían pensando ante todo sobre el amor de Dios, sino más bien sobre su gran poder como paterfamilias de toda la creación.

## QUIEN TODO LO GOBIERNA

La próxima palabra del Credo refuerza este punto. Es la palabra "omnipotente" — o, en algunas traducciones, "todopoderoso" —, que estudiaremos con más detalle en el próximo capítulo. La palabra griega que se traduce como "todopoderoso" es pantokaror. Esta palabra se deriva de dos raíces, pan y krasis. La primera de ellas es el mismo prefijo que empleamos en palabras tales como "panamericano" — es decir, que incluye a toda América — o "panteón" — el conjunto de todos los dioses. La palabra krasis significa gobierno o mandato. Es la misma raíz que aparece en nuestras palabras "democracia" — el gobierno del pueblo — y "teocracia" — el gobierno de Dios o de quienes pretenden representarle. Entonces, afirmar que Dios es pantokrator quiere decir ante todo que Dios es el gobernante de todas las cosas. No quiere decir — como frecuentemente se entiende hoy — que Dios puede hacer lo que desee. Eso bien puede ser cierto, pero no es lo que el Credo quería decir originalmente.

En breve, para aquellos cristianos que eran parte de una "familia" como tradicionalmente se entendía ese término en la cultura romana (y particularmente entre aquellos cuya relación con el paterfamilias era distante, como sería el caso de la mayoría de los cristianos de aquellos días), la afirmación de que Dios es "Padre omnipotente" no le haría pensar ante todo en amor, cuidado y bondad, sino más bien en cuestiones de poder y de autoridad.

Hoy empleamos el término "padre", y la idea de la paternidad, como señales de amor y de cuidado. Por tanto, para entender el sentido original del Credo tenemos que volver a lo que era un "padre" en la antigua sociedad romana. Ello nos hará ver que, al tiempo que el Credo sí afirma la fe en un Dios de amor, el énfasis en estas primeras palabras recae sobre el poder y la soberanía de Dios.

¿Qué pensarían aquellos antiguos cristianos al recitar estas palabras? Es imposible saberlo, pero al menos podemos imaginar que responderían de diversas maneras. Para algunos serían palabras duras, pues les sería difícil reconciliar al Dios que habían conocido en Jesucristo con su propio paterfamilias, posiblemente distante, injusto y hasta cruel. Hoy hay muchas personas que sufrieron abuso por parte de sus padres, y a quienes se les hace difícil referirse a Dios como "Padre". De igual modo, podemos imaginar reacciones semejantes por parte de un hijo cuyo padre le negaba la libertad, o de un esclavo quien sufría bajo un paterfamilias cruel o caprichoso.

Pero también podía haber otra reacción. Hace algunos años una monja amiga me contó que su padre era abusador y alcohólico, y que por tanto, lo que le llamó la atención y le atrajo a la fe cristiana era el mensaje de que ella tenía otro padre, superior al padre terrenal. Sus amigos y compañeros tenían padres que se ocupaban de ellos y que se apresuraban a regresar al hogar para estar con ellos. En contraste, lo que ella tenía era un padre que llegaba a la casa tarde, borracho, y gritando improperios. Para ella esto era motivo de gran dolor, hasta que descubrió que en Dios tenía otro Padre, y que este Padre le amaba y cuidaba.

Es muy probable que al escuchar y repetir las palabras del Credo, algunos de aquellos primeros cristianos albergaran sentimientos semejantes a los de mi amiga. El "padre" de sus familias sería un personaje distante, y no tendrían el gozo de un padre que se ocupara directamente de ellos. Algunos sabrían que el padre de sus familias biológicas les había condenado a ser expuestos a la intemperie, y que luego otro "padre" les había recogido con el solo propósito de venderles como esclavos. Pero ahora que habían abrazado el cristianismo tenían un nuevo Padre que les amaba y se ocupaba de ellos, un Padre mucho más poderoso que el más grande de los paterfamilias. Este Padre no gobernaba únicamente sobre una familia particular, como los padres que se veían en la vida cotidiana, sino que era el pantokrator, ¡el gobernante soberano sobre todas las cosas!

## TONALIDADES SUBVERSIVAS

Cuando lo estudiamos dentro de este contexto, vemos que el llamar a Dios "Padre", al mismo tiempo que afirmaba el poder y autoridad de Dios, limitaba el poder y autoridad de todos los padres terrenales en la antigua Roma, de todos los paterfamilias. Con tonalidades subversivas, esa afirmación ponía en duda, o al menos limitaba y relativizaba, la autoridad de aquellos a quienes el orden social había colocado por encima de muchos creyentes. Quizá yo sea un esclavo o una esposa de quien se espera una sumisión total a la cabeza de familia, pero ahora pertenezco a otra familia cuya cabeza no es solo muy diferente, sino también muchísimo más poderosa. Es por eso que no ha de sorprendernos el que el Credo no se les enseñara a los creyentes hasta tanto no hubieran dado pruebas de su fidelidad y compromiso mediante un largo período de preparación para el bautismo. Lo que se les pedía era que tomaran la decisión radical de confesar y aceptar a este Padre Todopoderoso, aun cuando eso les acarreara dificultades en la vida presente, y provocara la ira de quienes tenían autoridad "paternal" sobre ellos. Esto se ve en el Martirio de Santas Felicidad y Perpetua, un documento de principios del siglo tercero de que se cuenta que cuando el padre de Perpetua le ordenó que abandonara su fe, ella se negó.

## DIOS COMO PADRE HOY

El tiempo ha pasado, y hoy vivimos en circunstancias sociales muy diferentes. No vivimos ya en una sociedad en la que los padres tienen poder de vida y muerte sobre sus hijos — ni siquiera, al menos legalmente, la autoridad para abusar de ellos. Además, como resultado de un proceso que ha tomado más de dos siglos, nos hemos hecho un cuadro ideal de la familia. Por eso, cuando hoy escuchamos decir que Dios es Padre lo que nos viene a la mente, más bien que imágenes de autoridad, son imágenes de cariño, de cuidado, de bondad.

Luego, al recitar hoy el Credo Apostólico nos inclinamos a interpretar sus primeras palabras como una afirmación de la cercanía amorosa de Dios. Esto es muy apropiado, puesto que nuestro Dios es ciertamente un ser cercano y amoroso, como se supone que lo sea un buen padre, y por tanto debemos afirmar y proclamar esa fe y esa experiencia de Dios.

Pero no debemos olvidar que hay también hoy muchas personas — tanto varones como mujeres — quienes tienen dificultades con tal imagen de Dios. El llamar a Dios "Padre" parece darle un carácter masculino y olvidar las muchas imágenes femeninas con que la Biblia también se refiere a Dios con rasgos femeninos y maternales — una mujer que coloca un poco de levadura en la masa, otra mujer que pierde una moneda, o una gallina que cuida de sus polluelos. Además, el referirse a Dios como "Padre" puede ser un modo de reforzar el machismo que parece decir que la imagen de Dios es más clara en el varón que en la mujer. Esa misma imagen parece endosar una visión patriarcal de la familia, en la que el esposo manda y toma decisiones, y la mujer e hijos sencillamente han de obedecer. De allí es muy fácil pasar a la tiranía y al abuso. Por eso, hay quien insiste en llamar a Dios no solo "Padre", sino también "Madre" o "Padre/Madre". Tales posturas merecen ser comprendidas y respetadas, tanto porque expresan experiencias profundamente dolorosas como porque ponen al descubierto el machismo que sutil, pero indudablemente se manifiesta tanto en la sociedad como en la iglesia.

(Aquí vale la pena señalar, aunque sea de pasada, que el concepto de género en castellano no es el mismo que el concepto de género en otras lenguas como el inglés. Puesto que buena parte de esta discusión tiene lugar hoy en círculos de habla inglesa, muchas veces pensamos que basta con las soluciones que se sugieren en tales círculos, sencillamente traídas a nuestra lengua. Pero en inglés el asunto es mucho más sencillo que en castellano, pues en esa lengua los adjetivos y los artículos no tienen género, y por tanto basta con asegurarse de que los pronombres y los pocos sustantivos que tienen género se empleen de tal modo que se no se excluya el género femenino. En castellano no solo todos los artículos, pronombres, sustantivos y adjetivos tienen género, sino que — para complicar más las cosas — hay al menos cinco géneros gramaticales. Y no siempre el género gramatical tiene que ver con la fisiología. Así, por ejemplo, gramaticalmente toda "persona" es femenina. "Pedro es una buena persona". Todas las ballenas, aunque sean machos, son femeninas, y todos los jaguares son masculinos. Así puede en inglés decirse, por ejemplo, The good Christian men and women. Pero en castellano, para practicar esa misma inclusividad, sería necesario decir algo como: "los hombres y las mujeres que son buenos y buenas cristianos y cristianas". En castellano la cuestión del género es harto complicada, y es importante que busquemos soluciones propias. Y, para mostrar algo de algunos caminos que deberíamos explorar, aunque "Dios" es término masculino, "Trinidad" y "Providencia" son palabras femeninas.)

Regresando entonces al Credo, sería bueno que recuperáramos algunas de las tonalidades subversivas de ese antiguo documento. Al afirmar que Dios es Padre, el Credo condenaba, o al menos cuestionaba, la paternidad tal cual se practicaba en la sociedad circundante. Los esclavos, hijos, mujeres, y toda otra persona por cualquier razón sujeta a la autoridad de un paterfamilias declaraban tener un Padre muy por encima de esa autoridad, y tácitamente afirmaban que esa autoridad misma debía transformarse. Hoy, gracias a un proceso que ha tomado siglos, el cortante filo de la fe parece haberse embotado. Por eso, al decir que Dios es Padre lo que pensamos es que Dios es como un padre, olvidando la contraparte de esa aseveración, que todo padre — y toda madre — ha de imitar el amoroso cuidado y cercanía del Padre celestial. En otras palabras, en lugar de pensar que Dios es como un padre, deberíamos pensar que todo padre ha de procurar imitar el amor y el cuidado de Dios para con toda su creación. Si afirmamos que Dios es "Padre Todopoderoso", permitámosle a esa aseveración subvertir toda noción opresiva de la paternidad, y toda estructura opresiva en la familia. Así vistas, las palabras de Jesús cobran nuevo sentido: Y no llaméis padre vuestro a nadie en la tierra; porque uno es vuestro Padre, el que está en los cielos (Mt 23:9).

Todo esto no quiere decir que no haya un lugar apropiado para la autoridad de los padres y madres dentro de la estructura familiar; ciertamente lo hay. Igual como la autoridad de Dios sobre todo ser humano, esa autoridad también ha de promover la libertad y el desarrollo. Al declarar que Dios es nuestro Padre — y nuestra Madre — afirmamos también que todos nosotros, padres e hijos, somos en realidad hermanos dentro de la gran familia de Dios. Un creyente puede tener autoridad maternal o paternal sobre un hijo o hija, pero a pesar de ello todos — padres, madres, hijas e hijos — son hermanos y hermanas en la misma familia de Dios.

## CREER EN DIOS

Es en este Dios de amor paternal que creemos. Esto quiere decir que es en Dios que se fundamente todo lo que creemos. Afirmar que creemos en Dios es declarar que es en Dios que toda nuestra vida tiene lugar — incluso nuestra vida de fe. Luego, aunque el Credo empieza con un verbo en primera persona, "[yo] creo", lo más importante no es lo que yo creo, sino en quién creo — en quién descansa toda mi fe. El Credo, al tiempo que afirma mi fe, no trata primordialmente sobre esa fe, sino sobre aquél en quien mi fe se mueve.

†

### Preguntas para considerar y discutir

1. ¿Será más importante enfocar nuestra atención sobre el objeto de nuestra fe (Dios) que sobre el sujeto (yo)? ¿O será lo contrario? ¿Qué consecuencias tendría lo uno o lo otro?

2. Cuando escuchamos decir, o cuando declaramos, que Dios es "Padre", ¿qué imágenes o pensamientos nos vienen a la mente? ¿Nos agrada, o nos molesta ese lenguaje acerca de Dios como Padre? ¿Por qué? ¿Le agrada, o le molesta, escuchar a alguien referirse a Dios como Madre? ¿Por qué? ¿Cómo se reflejan nuestras experiencias personales (o las de otras personas a quienes conocemos) con nuestra reacción cuando escuchamos que Dios es "Padre" o que es "Madre"?
3. El decir que Dios es Padre, ¿será subversivo todavía hoy como lo fue antes? ¿Por qué si, o por qué no?
4. Si usted estuviera explicándoles esta afirmación del Credo a un grupo de jóvenes entre los cuales hay una joven que ha sido víctima de abuso sexual por parte de su padre, ¿qué le diría acerca de esta frase en el Credo?

# 3 † Todopoderoso, Creador del Cielo y de la Tierra

### UNA AÑADIDURA POSTERIOR

El antiguo credo que se usaba en Roma en el siglo segundo y que, como hemos explicado frecuentemente, se indica mediante el símbolo "R", no incluía las palabras "creador del cielo y de la tierra". Pero esa frase fue añadida pronto, y a partir de entonces todas las versiones de lo que vino a ser el Credo Apostólico la incluían. ¿Por qué? Probablemente por dos razones principales.

La primera de ellas es sencillamente que casi todos los demás credos incluían una afirmación semejante. Por ejemplo, el Credo Niceno incluye las palabras "Creador del cielo y de la tierra, y de todas las cosas visibles e invisibles". Puesto que los cristianos occidentales, quienes eran los únicos en emplear R, tenían frecuentes contactos con los orientales, y puesto que unas veces usaban R y otras el Credo Niceno, inevitablemente esa frase le fue añadida a lo que vino a ser el Credo Apostólico.

## RETOS A LA DOCTRINA CRISTIANA

La segunda razón es mucho más interesante, y nos ayuda a comprender el propósito de esta afirmación en el Credo, que consiste precisamente en apartar de falsas doctrinas a los creyentes que lo repetían. Como vimos en el capítulo anterior, la palabra griega que normalmente traducimos como "todopoderoso" literalmente quiere decir "que todo lo gobierna". Es decir, no se refiere fundamentalmente al poder de Dios en abstracto, sino al poder y la actividad de Dios en todas las cosas.

Para la iglesia antigua el afirmar esa actividad de Dios en todas las cosas era una necesidad urgente, pues había quien la negaba, y con ello torcían el significado de todo el evangelio. Estos eran principalmente los Gnósticos, quienes pretendían que todas las cosas espirituales eran buenas, y las materiales, todas, eran malas. Un maestro muy influyente que vivía en Roma precisamente cuando el Credo se estaba formando enseñaba precisamente eso, que la materia era mala. Su nombre era Marción, y era hijo del obispo de una ciudad en la costa del Mar Negro, en lo que hoy es el norte de Turquía. Según Marción, el Dios y Padre de Jesucristo no es el mismo que ese otro dios de segunda categoría quien hizo el mundo, y a quien las Escrituras hebreas llaman "Yahvé" o "Jehová". No está claro si Jehová creó este mundo por ignorancia o por mala voluntad. En todo caso, lo hizo contra la voluntad del Padre, y el resultado es que en este mundo material hay atrapados ciertos elementos espirituales. El alma humana es entonces uno de esos elementos espirituales atrapado en el mundo material. Fue precisamente para librar las almas de su prisión en el cuerpo y la materia que el Padre envió a su Hijo Jesucristo. Luego, Marción no podía ver contacto ni relación alguna entre la creación y la redención. La primera era obra de

Jehová, y la segunda del Padre. Además, Jehová es un Dios de justicia, de ira y de castigo, mientras que el Padre es un Dios de amor y perdón. Por ello, no hay contacto alguno entre la fe de Abraham y de Israel y la fe cristiana.

Por esa razón Marción no veía valor alguno en las Escrituras hebreas, lo que hoy llamamos el Antiguo Testamento. Esto le obligó a compilar una lista de libros cristianos que debían ser las Escrituras de la nueva religión traída al mundo por Jesús. Puesto que Marción estaba convencido de que Pablo era el único entre los apóstoles que de veras había comprendido el mensaje de Jesús y se había apartado de todo elemento "judaizante", el corazón de esta nueva colección que Marción proponía serían las epístolas de Pablo, a las que se añadiría el Evangelio de Lucas, puesto que Lucas fue acompañante de Pablo. Naturalmente, la principal dificultad con que Marción tropezaba en todo esto era el gran número de citas del Antiguo Testamento que parecen tanto en las epístolas paulinas como en Lucas. Su respuesta era sencillamente que alguien había interpolado todo eso para hacer aparecer tanto a Pablo como a Lucas como simpatizantes o seguidores del judaísmo. Por tanto, lo que había que hacer, según Marción, era arrancar todo elemento judaizante en tales libros, para así llegar al mensaje original y verdadero del evangelio.

Naturalmente, todo esto no eran sino invenciones de Marción. El título mismo de "Cristo", que quiere decir "Ungido" o "Mesías", debió bastar para comprobar que sí hay una relación estrecha entre la fe de Israel y la de la iglesia. El Jesús de la fe cristiana es el Cristo, el Ungido o Mesías por quien esperaron por largo tiempo os hijos de Israel. Pero Marción sencillamente tomaba ese título como parte del nombre de Jesús, y se desentendía de su significado.

Más adelante veremos que las teorías de Marción tenían enormes consecuencias en cuanto al modo en que debía verse la persona de Jesús, y que buena parte del Credo refleja el propósito de contrarrestar esas teorías. Por lo pronto, limitémonos al término "todopoderoso" y lo que significaría para los creyentes que lo recitaban en Roma a mediados del siglo segundo.

## "TODOPODEROSO" EN EL SIGLO SEGUNDO

Para un creyente del siglo segundo — tanto más si conocía las enseñanzas de Marción — la palabra pantokrator tendría implicaciones, no solo acerca de Dios, sino también acerca del mundo. Afirmar que Dios es "todo-gobernante" es referirse por una parte al poder soberano de Dios, y por otra a la presencia de ese poder en toda realidad, tanto espiritual como material.

Esto era precisamente lo que tanto los gnósticos como Marción negaban. Según ellos, hay una creación buena y espiritual, y Dios la gobierna. Pero hay también un mundo material, que no solo se rebela contra Dios, sino que jamás podrá reconciliarse con él, porque la materia es mala por naturaleza, y Dios no se relaciona sino con las realidades espirituales. Esto tendría enormes implicaciones para varios elementos de la doctrina cristiana. Ya hemos visto cómo esa dicotomía entre lo espiritual y lo material llevó a Marción a rechazar toda relación entre el Antiguo Testamento y el evangelio, y hasta a afirmar que hay dos dioses, uno de ellos el amoroso Padre de Jesucristo, y el otro e ignorante, malicioso y vengativo Jehová. Otra consecuencia de las teorías de Marción y las de los gnósticos era que para ellos el problema humano consistía en tener un cuerpo, en ser un alma buena y espiritual encerrada en un cuerpo material y por tanto malo. Si solo pudiéramos deshacernos del cuerpo, nuestro problema estaría resuelto. Y aun más, tales doctrinas implicaban también — como veremos al estudiar el resto del Credo — que Jesús no podía haber venido en carne, puesto que esta es mala y mezclarse con ella sería un contrasentido. No, sino que Jesús era un ser puramente espiritual que parecía tener cuerpo y solo había caminado, comido, sufrido y muerto en apariencia.

Ante tales teorías, cuando aquellos creyentes del siglo segundo afirmaban que Dios es "todopoderoso" — es decir, pantokrator, todo-gobernante — querían subrayar el hecho de que Dios gobierna sobre el espíritu y sobre la materia, que por ello tanto el espíritu como la materia son buenos, y que ambos son objeto de los amorosos y eternos propósitos de Dios.

### DEL "TODO-GOBERNANTE" AL "OMNIPOTENTE"

Aunque nos parezca extraño, la lengua de la mayoría de los cristianos en Roma en el siglo segundo era el griego. Esto debía a que la fe cristiana había llegado a Roma procedente de las regiones orientales del Imperio Romano, en las que la lengua franca era el griego, y por tanto la mayoría de los conversos eran personas, o bien procedentes de esas regiones, o bien relacionadas con otros de esas procedencias. Por ello, los documentos cristianos escritos en Roma en el siglo segundo que tenemos están escritos en griego. Pero pronto las cosas empezaron a cambiar. El cristianismo se extendió aun más hacia el occidente, a las Galias, a lo que hoy son Túnez y Marruecos, y hasta a España, regiones en las que pocos hablaban griego, y la lengua franca era el latín. Es significativo que los más antiguos escritos cristianos en latín que tenemos no fueron producidos en Italia, sino en el norte de África. En la misma Roma, según el

Imperio se fue interesando cada vez más en sus provincias occidentales, poco a poco el griego fue cayendo en desuso.

En antiguo credo romano (R) se tradujo ahora al latín. En esa traducción, la palabra griega pantokrator (todo-gobernante) vino a ser omnipotens (omnipotente). Para nosotros hoy parece haber poca diferencia entre ambos términos. Pero para aquellos cristianos que tenían que enfrentarse a los retos del marcionismo y del gnosticismo, así como a otras teorías semejantes, esa diferencia era sumamente importante. Ser omnipotente quiere decir tener el poder para hacer cualquier cosa que se desee, tener un poder ilimitado. Se refiere entonces primeramente al poder de Dios, y no tanto a aquellas cosas sobre la cuales se ejerce ese poder. Cuando se le entiende de este nuevo modo, la omnipotencia de Dios se vuelve tema problemático. Pronto hubo una mente ociosa que planteó la pregunta: "¿Puede Dios hacer una piedra tan grande que él mismo no la pueda mover?" Si decimos que no, Dios no es omnipotente. Si decimos que sí, Dios tampoco es omnipotente. Y hubo filósofos medievales que se preguntaron si Dios siempre hace lo bueno (en cuyo caso lo bueno parece estar por encima del poder de Dios), o si todo lo que Dios hace, no importa lo que sea, es bueno (en cuyo caso lo bueno resulta no ser más que una decisión arbitraria por parte de Dios). A esa pregunta aquellos filósofos por fin respondieron distinguiendo entre el "poder absoluto" de Dios y su "poder ordenado". En base a su poder absoluto, Dios puede hacer cualquier cosa. En ese sentido, todo lo que Dios hace será bueno, sencillamente porque es obra de Dios. Pero, según esos filósofos, Dios le ha impuesto límites a ese poder absoluto estableciendo cierto orden al que Dios mismo se sujeta. Luego, por razón de esto "poder ordenado", podemos decir que Dios siempre hace lo bueno, que Dios se sujeta a lo bueno.

Tales especulaciones, que bien pueden parecer irrespetuosas para algunos, y ridículas para otros, no son sino el resultado de un proceso mediante el cual la mente humana se olvida de sus propios límites. Planteamos entonces una proposición que la mente misma es incapaz de comprender (como la omnipotencia), y pasamos entonces a sacar conclusiones de ella como si en realidad la entendiéramos.

No es a esta clase de omnipotencia especulativa que el Credo se refiere. Lo que el Credo busca es afirmar el poder de Dios, sí; pero no un poder en abstracto, sino el poder de Dios respecto a lo que existe. Dado el contexto del siglo segundo y los retos a la doctrina cristiana señalados más arriba — retos del marcionismo y del gnosticismo — lo que el Credo busca afirmar no es el poder de Dios como realidad abstracta o especulativa, sino ese poder en relación con "todas las cosas" — el poder del pantokrator.

## CREADOR DEL CIELO Y DE LA TIERRA

Cuando el Credo fue traducido del griego y empezó a usarse más bien en latín, se le añadió la frase: "Creador del cielo y de la tierra". Esto se hizo en parte, como hemos dicho, para que este credo se asemejará más a varios otros que la iglesia también empleaba. Pero se hizo también para hacerles recordar a los creyentes algo que el término latino omnipotens no parecía incluir; es decir, el hecho de que el poder de Dios se extiende sobre todas las cosas. Una vez más, no se trata de un poder en abstracto, sino del poder de Dios sobre toda la creación. La frase "el cielo y la tierra" es un modo de decir "todo". El Credo Niceno lo explica un poco más al decir: "Creador del cielo y de la tierra, de todas las cosas visibles e invisibles". Dentro del contexto de lo que se debatía en el siglo segundo en toda la iglesia, pero particularmente en Roma, esto quería decir que Dios es el creador tanto de las realidades materiales como de las espirituales, que la materia en sí misma no es mala, que lo espiritual en sí mismo no es mejor que lo material. Luego, esta frase en el Credo es esencialmente una salvaguarda contra una falsa "espiritualidad" que en realidad es espiritualismo — como si el interés y el amor de Dios se limitaran a lo espiritual.

No cabe duda de que esta afirmación es tan importante hoy como lo fue entonces. Hoy, como entonces, circulan muchas doctrinas y teorías que tienden a restarle valor a lo material. Hay quien piensa que Dios solamente se ocupa de las cosas "espirituales", y que todo lo demás — cuestiones tales como la economía, la ecología, la política o la tecnología — no tiene nada que ver con Dios o con la religión. Hay en la iglesia quien piensa que Dios solamente se preocupa por la salvación de las almas, y que el dolor que los cuerpos sufren, si bien es una lástima, es cuestión secundaria. Hay quienes, insatisfechos o desconfiados ante lo que la iglesia enseña, buscan redescubrir una supuesta sabiduría antigua, o supuestos secretos místicos que solo los mayas o los chinos conocieron. De ese modo buscan penetrar los misterios del mundo espiritual. Hoy vemos por todas partes grupos que tratan de resucitar las especulaciones de los gnósticos, y algunos hasta toman el título de "gnósticos" — aunque en realidad lo que dicen, creen y hacen dista bastante de los antiguos gnósticos. Todas esas posturas rechazan el principio sencillo que el Credo afirma: que Dios es el todopoderoso creador tanto de las cosas materiales como de las espirituales, y que por tanto toda la creación es buena y valiosa a los ojos de Dios.

Por otra parte, también existe hoy la postura absolutamente contraria. Para muchas personas en nuestra sociedad no hay más que lo material. Deslumbradas por el lustre de la tecnología moderna y de las comodidades que provee, viven la vida como si solamente tales cosas tuvieran importancia. Aunque rara vez se expresa con toda claridad, la premisa fundamental de su cosmovisión es que todos los misterios pueden resolverse mediante la observación, la experimentación y la ciencia. Para tales personas, la frase "Creador del cielo y de la tierra" vendría a ser una nota de corrección. Dios es el creador, no solo de los que vemos y entendemos, la tierra, sino también de lo que no vemos ni jamás entenderemos, el cielo — o, como dice el Credo Niceno, de "todas las cosas visibles e invisibles". Más allá de todos los descubrimientos — por muy importantes y valiosos que sean — siempre permanece el Misterio de Misterios, el Dios cuya acción creadora no se limita a lo que vemos y conocemos, sino que se extiende mucho más allá, hasta donde ni siquiera somos capaces de imaginar.

## CREACIÓN Y CIENCIA

En tiempos recientes se ha discutido mucho — y se sigue discutiendo — acerca de la creación y la evolución. Muchos de quienes se involucran en tales discusiones, tanto de un bando como del otro, parecen haber confundido sus papeles y olvidado sus límites. Del lado de la evolución, disciplinas tales como la paleontología y la genética intentan demostrar que las especies evolucionan de otras especies en un proceso que lleva millones de años. Pero cuando algún científico dice que lo que gobierna la evolución es una serie de coincidencias o el resultado del azar, no está ya hablando de lo que la ciencia puede observar objetivamente, sino que está afirmando premisas que no puede probar, y ha pasado de ser científico a ser filósofo — ¡y no tan buen filósofo! Del lado de la creación, quienes proponen que se enseñe en las escuelas como una posible hipótesis científica olvidan que toda hipótesis, para ser verdaderamente científica, ha de ser provisional, y por tanto capaz de corrección y de abandono. Así, aun sin quererlo, están implicando y aceptando la posibilidad de que en fin de cuentas la ciencia sea el árbitro final y tenga el derecho y los medios para determinar si la creación es verdad o no.

Lo que, es más, muchos de quienes defienden tal postura no son en realidad defensores del principio según el cual Dios es Creador de todo cuanto existe, sino que son defensores de lo que llaman la "doctrina bíblica" de la creación. Al hacer tal cosa, parecen olvidar que en los dos primeros capítulos del libro de Génesis hay dos historias diferentes de la creación. Esas dos historias concuerdan en que Dios es el creador de todo cuanto existe, pero difieren en muchos de sus detalles, incluso en cuanto al orden en que las cosas fueron creadas. En una de ellas, Dios hace primero a los animales y luego a los humanos, mientras en la otra Dios hace primero al varón, luego a los animales, y por último a la mujer. En una se habla de siete días, y en otra no. Luego, lo que frecuentemente se llama "la historia bíblica de la creación" es en realidad una selección y compilación en la que se han tomado elementos de una u otra de esas historias, y se ha dejado fuera lo demás. La doctrina de la creación no trata acerca de cómo Dios hizo el mundo, sino que se refiere más bien a este mundo y su inescapable dependencia de Dios. La doctrina de la creación afirma que, más allá de todo lo que podamos descubrir acerca de cómo el mundo funciona, está el amor de Dios que es el principio fundamental del mundo mismo.

Tristemente, tales debates tienden a ocultar la importante contribución que la doctrina de la creación ha hecho a la ciencia. La empresa científica no pudo desarrollarse en un mundo gobernado por una multitud de dioses en contienda y competencia mutuas. Si hay un dios de la lluvia y otro de la muerte, y un año la falta de lluvia crea una hambruna, la explicación resulta obvia: el dios de la muerte ha vencido al de la lluvia. Si el próximo año vuelven las lluvias y hay comida abundante, es ahora el dios de la lluvia quien ha vencido al de la muerte. Sobre la base de tales presuposiciones no hay necesidad ni posibilidad de buscar las verdaderas causas de los acontecimientos, y mucho menos cómo unos se relacionan con otros. Todo cuanto acontece en el mundo resulta ser entonces resultado caprichoso de poderes ignotos que jamás podremos comprender. Todo lo que puede hacerse entonces es tratar de ganarse la buena voluntad de esos poderes, y hasta ayudarles a vencer sobre sus enemigos, mediante sacrificios y otras prácticas religiosas. Dentro de tal marco de referencia, la ciencia no tendría lugar alguno.

La noción misma de ciencia — y más todavía la idea de que los descubrimientos científicos pueden emplearse para alterar los acontecimientos — requiere que el mundo sea un todo coherente. Los antiguos griegos, aunque seguían siendo politeístas, lograron desarrollar los rudimentos de la ciencia porque creían que tras toda la variedad del mundo, y hasta tras la multitud de los dioses, había un solo orden racional — un logos, de donde se deriva nuestro término "lógico". Con el advenimiento del cristianismo y después con la prevalencia del monoteísmo judeo-cristiano, que afirma que el mundo es creación de un solo Dios, se sentaron los cimientos para la observación y la exploración sistemática del mundo — es decir, para la ciencia — y para los intentos posteriores de influir sobre la naturaleza — es decir, para la tecnología. Es cierto que los cristianos no siempre han entendido esto, y a consecuencia de ello ha habido tiempos, y todavía los hay, en que algunas iglesias se han opuesto a la investigación científica y al adelanto de la tecnología. Un ejemplo clásico es el de Galileo, quien se vio obligado a retractar su afirmación de que la tierra se mueve. Hoy día hay quienes se oponen a la teoría de la evolución como si fuera una doctrina religiosa, o como si la evolución como hipótesis científica fuera una amenaza a la fe cristiana. Pero a pesar de tales choques, sigue siendo verdad el hecho de que el desarrollo de la ciencia y de la tecnología le debe mucho a la visión bíblica de un solo Dios, creador y gobernante de todo cuanto existe.

## CREACIÓN Y NATURALEZA

En resumen, la doctrina de la creación no trata primordialmente sobre Dios, sino más bien sobre el mundo. Se refiere tanto al mundo físico como al espiritual, tanto a cosas que entandemos como a otras cuya existencia ni siquiera sospechamos. Es la afirmación de que Dios ama al mundo en su totalidad, y no solo a algunas criaturas en ese mundo. Por tanto, es un llamado a respetar lo que Dios ha hecho. Esto no quiere decir que debamos buscar el modo de volver a algún estado primitivo, cuando supuestamente la vida era más sencilla, como si la humanidad no debiera ocuparse de tratar de cambiar el mundo. Al contrario, en ambas historias de la creación en el Génesis Dios se da al ser humano una responsabilidad particular ante el resto de la creación. En la primera, la criatura humana recibe el señorío; es decir, el manejo de la creación a nombre de su Señor y Creador (Gn 1:26). En la otra, se le coloca en el huerto con el mandato de cultivarlo (Gn 2:15); es decir, de afectarlo de un modo positivo. La doctrina de la creación no quiere decir que Dios lo hizo todo como debía ser al final y que por tanto la humanidad debe dejarlo todo como está. Lo que sí quiere decir es que cuanto hay en nuestro derredor ha sido creado por Dios, y por tanto merece nuestro respeto y nuestra mayordomía, como seres que han recibido el señorío sobre la creación de manos del Creador mismo.

"Creo en Dios Padre Todopoderoso, Creador del cielo y de la tierra." Porque creo, debo amar y respetar toda esta creación de que soy parte, y en el Dios que me ha colocado para llevarla según los propósitos de Dios. La responsabilidad ecológica no es una moda pasajera, ni deber tampoco posesión de un partido político u otro, sino que surge de la doctrina misma de la creación.

† 

### Preguntas para considerar y discutir

1. ¿Qué queremos decir hoy al afirmar que Dios es el todopoderoso creador del cielo y de la tierra?
2. Si alguien viene y le dice que la doctrina de la creación es anti-científica, y que la ciencia ha probado su falsedad, ¿qué le respondería usted?
3. Si otra persona viene y le dice que la teoría de la evolución es anti-bíblica y anti-cristiana, pues niega la doctrina de la creación, ¿qué le diría usted?
4 ¿Cómo nos ayuda la doctrina de la creación a entender nuestro lugar y propósito en el mundo? Dentro de ese contexto, ¿qué entendemos por "mayordomía"?
5. ¿Qué importancia tiene para usted la doctrina de la creación? ¿Deberíamos abandonarla? ¿Por qué sí, o por qué no?

# 4 † Y en Jesucristo, su único Hijo, Señor Nuestro

Y EN ...

Tres veces decimos en el Credo que creemos en: en el Padre, en el Hijo, y en el Espíritu Santo. Esto se debe a la relación original entre el Credo y el bautismo. Puesto que el Credo se recitaba al tiempo del bautismo, la fórmula trinitaria del bautismo mismo proveyó la estructura para el Credo. Una vez más, recordemos la diferencia entre creer en y creer que. El Credo afirma que Dios es el Creador del cielo y de la tierra, que Jesús sufrió en tiempos de Poncio Pilatos, etc., pero afirma sobre todo nuestro creer en el Padre, en Jesucristo su Hijo, y en el Espíritu Santo. Luego, mientras el Credo no intenta aclarar todo lo que podría discutirse acerca de le Trinidad, y mucho menos explicar su misterio, sí afirma esa doctrina, declarando que es en estos tres — el Padre, el Hijo y el Espíritu Santo — que vivimos y nos movemos y tenemos nuestro ser.

No es este el lugar para repasar toda la historia del modo en que la doctrina de la Trinidad fue desarrollándose. Baste decir que esa doctrina expresa la experiencia de los creyentes a través de las edades, y añadir algo acerca de su importancia en el día de hoy. Sobre lo primero, resulta claro que la experiencia determinante de la iglesia primitiva, y la de todos los cristianos a partir de entonces, fue y sigue siendo el encontrarse con Dios en Jesucristo. Jesús siempre ha estado al centro mismo de la fe cristiana, y los cristianos expresamos esa experiencia afirmando su divinidad. Sabemos, sin embargo, que Jesús mismo se refirió a Dios como su Padre, y que cuando Jesús andaba por los caminos de Galilea Dios todavía reinaba como soberano sobre toda la creación — incluso esos caminos de Galilea. De igual manera, los creyentes experimentamos la presencia de Dios dentro de nosotros y en la comunidad de fe. Esa presencia, que nos capacita para ver y seguir la voluntad de Dios y para tener comunión con Dios, es la que llamamos el Espíritu Santo. Luego, la doctrina trinitaria afirma que el Padre es Dios, que el Hijo es Dios, y que el Espíritu Santo es Dios. Afirma también que estos tres son diferentes, de modo que el Padre no es el Hijo, ni el Hijo es el Espíritu Santo. Por último, afirma que no hay sino un solo Dios.

Cómo entender el que los tres sean uno ha dado lugar a mucha especulación y discusión, y aun divisiones entre los creyentes. Algunos han llegado a la conclusión de que la doctrina de la Trinidad no tiene pertinencia alguna y debería abandonarse. Si hiciéramos tal cosa, se nos haría harto difícil seguir y afirmar la fe de los primerísimos cristianos, así como de la inmensa mayoría de los creyentes a través de las edades. Pero con todo y eso, todavía tenemos que saber cómo hemos de ver y de entender — aunque sea como por espejo, y en oscuridad — el que estos tres sean diferentes y sin embargo sean un solo Dios.

Un modo de ver la Trinidad y de entender algo de su pertinencia para la vida cristiana es que la Trinidad misma nos lleva a redefinir eso que llamamos ser "uno". Dios es uno, pero Dios no es uno en esplendor solitario. Dios es uno en comunidad, porque aun dentro de la divinidad misma hay una comunidad. El teólogo brasileño Leonardo Boff lo ha expresado como sigue:

> Dios es el Padre, el Hijo y el Espíritu Santo en comunión recíproca. Coexisten desde toda la eternidad; nadie es anterior ni posterior, ni superior ni inferior al otro. Cada Persona envuelve a las otras, todas se interpenetran mutuamente y moran unas en otras. Es la realidad de la comunión trinitaria, tan infinita y profunda que los divinos tres se unen y son por eso mismo un solo Dios. La unidad divina es comunitaria, porque cada persona está en comunión con las otras dos.[1]

Algo muy parecido dijo mucho antes el autor de la Primera Epístola de Juan al declarar que Dios es amor (1 Jn 4:8). Dios es amor, y por tanto nos ama; pero Dios es amor también en un sentido más profundo. Dios es amor porque en el seno mismo de la divinidad hay amor — el amor entre las tres personas divinas. Esto a su vez quiere decir que cuando hablamos de Dios como "uno" no empleamos esa palabra del mismo modo que la usamos al hablar de "una piedra" o de "una manzana". Hablamos más bien de una unidad semejante a la que existe entre dos personas que se aman mutuamente. Decir que "Dios es amor" es decir que dentro de Dios mismo — y no solamente en lo que se refiere a sus relaciones con nosotros — hay un amor y una unidad semejante a, pero muy por encima de, la unidad entre personas que verdaderamente se aman.

---

[1]Leonardo Boff, *La Trinidad, la sociedad y la liberación* (Madrid: Ediciones Paulinas, 1987), p. 15.

Por tanto, la doctrina de la Trinidad no es una especulación febril de personas que no tenían nada mejor en que ocuparse. Al contrario, se encuentra al corazón mismo del modo en que los cristianos entendemos a Dios. Es también el fundamento sobre el cual los cristianos han de construir su comunidad. Nuestra sociedad contemporánea, con su individualismo exagerado, tiene que redescubrir la diferencia entre ser uno y estar solo. Dios es uno, pero Dios nunca está solo. Al contrario, Dios es una comunidad de amor eterno. Esto a su vez quiere decir que la meta de la comunidad de creyentes que llamamos "iglesia" es precisamente imitar esa unidad en amor que existe en Dios, y que existe sin destruir las diferencias individuales. Es una comunidad en la que cada creyente encuentra su propia identidad en su amor hacia los demás.

En resumen, en lugar de dedicarnos a desentrañar ese misterio de la Trinidad, ¡dediquémonos a imitarlo!

## JESUCRISTO, SU ÚNICO HIJO, SEÑOR NUESTRO

Hay una idea muy difundida según la cual "Jesús" y "Cristo" son dos nombres propios. Mientras "Jesús" es el nombre del hombre que fue crucificado bajo Poncio Pilatos, "Cristo" se refiere a su divinidad. Así, hay quien habla del "Jesús histórico y el Cristo de la fe". Pero la verdad es que en su sentido original, mientras "Jesús" es en efecto un nombre propio, "Cristo" es más bien un adjetivo que significa "ungido". Su uso original no era como un nombre propio, sino más bien como un título que se le daba a Jesús. La palabra griega christos quiere decir "ungido", y es por tanto el equivalente griego de la palabra hebrea mesías, que quiere decir "ungido". Luego, cuando usamos el nombre "Jesucristo" estamos diciendo que este Jesús es el ungido de Dios.

En varias culturas antiguas — y ciertamente en el Antiguo Testamento se acostumbraba ungir a alguien (o algo) como señal de que se le apartaba para una función particular. En Israel, se ungía tanto a los sacerdotes como a los reyes — y es por eso que frecuentemente se habla de David como "el ungido de Dios".

Con el correr de los siglos, y en medio de una historia de exilio y de opresión, el pueblo de Israel depositó su esperanza en un "ungido", pero no ungido sencillamente para venir a ser un eslabón más en la larga cadena del sacerdocio israelita, ni tampoco como un nuevo rey que sirviera los designios de Roma o del imperio del momento. El Ungido o Mesías, cuya venida Israel anhelaba, restauraría y sobrepasaría el reino de David, destruiría a los enemigos de Dios y de Israel, e inauguraría un nuevo orden de paz y de justicia.

Al afirmar que Jesús era "el Cristo" — el Ungido, o Mesías — la iglesia antigua afirmaba por una parte su continuidad con el antiguo Israel y por otra su convicción de que la esperanza de Israel se había cumplido en Jesús. Por razones obvias, muchos judíos no aceptaban tal proposición. Sin embargo, lo mismo hacían aquellos cristianos que, como Marción, pensaban que la religión de Israel estaba completamente errada y que el mensaje de Jesús nada tenía que ver con ella. En la comunidad cristiana de la ciudad de Roma, donde el Credo se iba formando en el siglo segundo, las teorías de Marción eran una verdadera amenaza, y muchos se dejaban llevar por ellas. Es por esa razón que el Credo afirma tajantemente que Jesús es el cumplimiento de las promesas hechas a Israel por Dios, y este Dios no es otro que el Dios de los cristianos, "Creador del cielo y de la tierra".

### SU ÚNICO HIJO

Esto puede verse en la frase "su único Hijo". Hoy hay quien debate sobre esta cláusula, preguntándose si en realidad Jesús es este personaje especial que merece el título de Hijo único de Dios. Pero cuando aquellos cristianos en la antigüedad recitaban este Credo, lo que les importaba tanto esa naturaleza única de Jesús como su relación con el Padre, "Creador del cielo y de la tierra". En tales circunstancias, el énfasis recaía sobre la palabra su. Jesús es hijo del Creador, y no de otro supuesto dios por encima de él. A su vez, esto quiere decir que el propósito de Jesús y de su venida no es destruir una creación supuestamente mala, sino restaurarla según los propósitos de Dios.

A simple vista esto parece ser de escasa importancia para nosotros quienes vivimos diecinueve siglos después de aquellos debates que llevaron a la composición del Credo. Marción lleva largo tiempo de ser olvidado. ¿Por qué insistir entonces en que Jesús es el Cristo, y en que es el Hijo del Dios creador de todas las cosas? Entre otras razones, porque necesitamos de esta doctrina para aclarar la relación entre el cristianismo y la fe de Israel, o entre los judíos y los cristianos.

Frecuentemente escuchamos decir que la principal diferencia entre el cristianismo y el judaísmo está en si Jesús es el Mesías o no; es decir, entre si el Mesías ha venido o no. Ciertamente, esta es una diferencia importante, y una lectura, siquiera somera, del Nuevo Testamento nos hará ver que este era unos de los principales puntos de desacuerdo entre aquellos judíos que aceptaban el Mesías, como Pedro y Pablo, y aquellos que no lo hacían. Pero hay otra cara de la moneda, y es una cara importante: Al afirmar que Jesús es el Mesías, los cristianos afirmamos que hay cierta continuidad entre nuestra fe y la de Israel, y reconocemos nuestra deuda para con Abraham y su descendencia. Durante sus primeros años, el cristianismo tuvo que determinar su perfil y su identidad en contraste con el judaísmo tradicional. Esto llevó a muchos cristianos a subrayar y hasta a exagerar la diferencia entre el judaísmo y el cristianismo.

Pero en siglos posteriores, cuando el cristianismo se había vuelto la fe oficial de Europa, aquellos documentos y disputas que venían de un contexto muy diferente sirvieron para darles fuerza a los sentimientos anti-judíos, lo cual llevó a opresiones y matanzas de judíos, culminando todo en el Holocausto en tiempos de Hitler.

Por esa razón es importante que nos percatemos de que al llamar a Jesús "el Cristo" estamos afirmando que hay una relación estrecha entre nuestra fe y la de nuestros vecinos judíos. Podemos estar en desacuerdo en muchos puntos de doctrina y en muchas prácticas; pero si la fe de Abraham y de Moisés y los profetas es falsa, no tenemos razón alguna para referirnos a Jesús como "el Cristo", ni para llamarle "Jesucristo".

El Credo no afirma solamente que Jesús es el Hijo del Dios Creador del cielo y de la tierra. También afirma que esa relación entre el Padre y el Hijo es extraordinaria: "su único Hijo". Esto se verá más claramente en la frase que estudiaremos en el próximo capítulo, "concebido por el Espíritu Santo, nacido de la Virgen María". Lo que veremos en esa frase será explicación y ampliación de lo que ya se implica al decir que Jesús es "su único Hijo".

## SEÑOR NUESTRO

Estamos acostumbrados a decir "nuestro Señor" con tanta frecuencia y facilidad que se nos hace difícil ver cuán radical era esa afirmación para aquellos creyentes del siglo segundo, y cuán radical todavía es, si se le entiende bien. A fines del siglo primero, unos años antes de la formación del Credo, el emperador Domiciano tomó para sí el título de Kyrios, es decir, Señor. Con esto, Domiciano quería decir que era el gobernante supremo, dueño de todo cuanto había, y que por tanto nadie debía negar su autoridad o ser su rival. Esa actitud de Domiciano se manifestó en varias políticas y acciones, entre ellas la persecución contra los cristianos y los judíos, quienes insistían en que Dios es el verdadero Señor, muy por encima tanto de Domiciano como de cualquier otro gobernante. El libro de Apocalipsis da testimonio de las tensiones que esto le acarreó a la iglesia, y de la tentación que muchos manifestaban a ceder ante el reclamo del poder absoluto por parte del Emperador.

A partir de Domiciano, y por espacio de más de dos siglos, la mayoría de los emperadores reclamaban para sí ese título de Señor. Cuando surgía un pretendiente rival, frecuentemente entre legiones rebeldes, lo primero que sus seguidores hacían era proclamarle Señor y quemar incienso ante su imagen.

Luego, cuando los cristianos se atrevían a declarar que Jesús era "Señor nuestro", tal declaración se veía como subversiva y quizá hasta sediciosa. Estaban diciendo que había otro Señor, no sólo además, sino muy por encima del Emperador. Tal cosa no podía tolerarse. Por lo tanto, las autoridades imperiales les ordenaban a los cristianos que quemaran incienso ante la imagen del Emperador, y que rechazaran a Jesús como "Señor". Muchos fueron torturados y muertos por negarse a hacerlo. Estos recibían entre cristianos el título de "mártires", que originalmente quería decir "testigos", porque habían dado testimonio de Jesucristo aun a costa de su vida. Los documentos que cuentan sus torturas, juicio y muerte, se encuentran entre los más valiosos de la antigüedad cristiana, y todo esto por la afirmación de que Jesús es Señor. Por ejemplo, en las Actas del martirio de Satornilo y otros se cuenta que uno de ellos, de nombre Télica, cuando el juez le dijo: "Tienes que obedecer los decretos de los emperadores y césares", le respondió: "Solo me interesa la ley de Dios. Esa es la que he aprendido. Esa es la que obedezco. Por ella moriré. En ella quiero terminar mi vida. Aparte de ella no hay otra ley."

## SEÑOR NUESTRO

El tiempo ha pasado, y con el correr de los años y los cambios de circunstancias tal pareciera que el proclamar que Jesucristo es Señor se ha vuelto cosa fácil y cotidiana. Vemos tal declaración como una mera afirmación religiosa, o cuando más como un modo de expresar y resumir los principios que han de guiar nuestras vidas. Ese señorío parece ser uno más de entre los muchos otros compromisos que tenemos: con la familia, con la patria, con la iglesia, con un partido político, etc. Pero cuando se le entiende correctamente, el señorío de Jesucristo ha de estar por encima de todo otro señorío, cuestionándolo, corrigiéndolo y a veces rechazándolo. Cuando aquellos creyentes en la antigüedad decían "Creo en... Jesucristo... Señor nuestro", lo que estaban declarando bien podía trastornar toda su vida. Lo mismo es cierto de nosotros hoy. Con tal declaración estamos diciendo que no hay otro compromiso — ni con la familia, ni con la patria, ni con la iglesia — que pueda estar por encima de él. Estamos rechazando todo nacionalismo absoluto. De no ser así, Jesucristo no es verdaderamente "nuestro Señor", sino solo uno entre muchos señores.

Esto resultó dolorosamente claro para muchos cristianos en Alemania bajo el régimen Nazi. El gobierno requería una lealtad completa y absoluta. Según lo entendían Hitler y sus seguidores, el nacionalismo podía servir de razón para cualquier medida que el gobierno decidiera tomar. La iglesia como institución fue colocada bajo el poder del estado, y la mayoría de los cristianos aceptaron lo que estaba sucediendo. Algunos hasta llegaron a afirmar que lo que el gobierno hacía se hacía en nombre del cristianismo. Pero hubo otros que entendieron claramente que lo que habían estado afirmando durante toda su vida, que Jesucristo es Señor nuestro, quería decir otra cosa. Varios de ellos se reunieron en la ciudad de Barmen y valientemente proclamaron que ...

> Jesucristo, tal cual le vemos en la Sagrada Escritura, es la única Palabra de Dios que hemos de escuchar en quien hemos de confiar, y a quien hemos de obedecer en la vida y en la muerte.
> Rechazamos la falsa doctrina que pretende que la iglesia ha de reconocer como fuente para su predicación, aparte de la Palabra de Dios, otros acontecimientos y autoridades, otros personajes y verdades, como si fueran revelación de Dios.[2]

Estas no eran palabras fáciles ni vacías, y el resultado fue que muchos de quienes firmaron esa declaración fueron perseguidos y muertos por las autoridades. Por tanto, al afirmar que creemos en Jesucristo, Señor nuestro, recordemos que estas son palabras que han costado sangre, sacrificio y constancia.

†
### Preguntas para considerar y discutir

1. ¿Qué importancia tiene para nosotros la doctrina de la Trinidad? ¿Podemos recordar algunos himnos que la afirmen? ¿Cómo sería diferente la fe cristiana si no creyéramos en la Trinidad?
2. Si hemos de ser imitadores de la Trinidad, ¿cómo hemos de hacerlo hoy mismo, en nuestras relaciones cotidianas?
3. ¿Qué queremos decir hoy cuando afirmamos que Jesucristo es nuestro Señor? ¿Qué estamos negando? ¿Qué estamos afirmando? ¿Qué riesgos corremos?

---

[2]*Declaración de Barmen*, 8.11-12.

# 5 † Quien fue concebido por el Espíritu Santo, nació de la Virgen María

## UN MALENTENDIDO COMÚN

Cuando hoy escuchamos o repetimos las palabras "fue concebido por el Espíritu Santo, nació de la Virgen María", se nos hace muy fácil entenderlas en términos de la biología moderna. Hoy sabemos que la concepción es el producto de la unión de dos células, una procedente del padre y otra de la madre. En esa unión se combinan los genes de ambos progenitores, y ello determina los rasgos hereditarios que la nueva persona tendrá: algunos de ellos heredados del padre, y otros de la madre. Sobre la base de esa visión biológica es común pensar que la frase del Credo que estamos estudiando significa que Jesús es en parte divino y en parte humano; que como producto del Espíritu Santo es divino, y como hijo de María es humano.

Pero no era así que se entendía la concepción en la antigüedad. Según se pensaba entonces, la concepción y el nacimiento eran el resultado de una simiente plantada en la matriz, de igual modo que una semilla de trigo se siembra en la tierra. La semilla marca la naturaleza, y la matriz o la tierra proveen el sustento para que esa semilla pueda desarrollarse. El hecho de que la nueva persona tiene algunos rasgos semejantes a la madre se explicaba sencillamente señalando que el carácter de la tierra deja su huella sobre la cosecha. La matriz era como un molde en el que la nueva criatura se formaba, y por ello el sello de la madre se veía en el hijo o hija. Pero la madre no contribuía un óvulo — pues las antiguos ni siquiera sabían que había tal cosa — sino solamente el ambiente y el alimento necesarios para que la simiente sembrada por el padre pudiera desarrollarse. Si entonces leemos estas palabras del Credo dentro del contexto de los conocimientos de la época, las entenderemos de un modo muy distinto.

El propósito de estas palabras del Credo no es explicar el origen biológico de Jesús, sino hacer dos afirmaciones fundamentales acerca de Jesús: en primer lugar, que su nacimiento fue extraordinario; y en segundo lugar, que ese nacimiento fue real.

### UN NACIMIENTO EXTRAORDINARIO

A través de todo el Antiguo Testamento encontramos un hilo narrativo que nos puede ayudar a entender la importancia de lo que el Credo dice acerca del nacimiento de Jesús. Ese hilo narrativo es el tema de las mujeres estériles, tema al que frecuentemente se referían los primeros cristianos al interpretar las Escrituras hebreas y su relación con el evangelio. En el Antiguo Testamento, vemos una y otra vez que cuando hizo falta un hijo que continuara la línea de los antiguos patriarcas, o que cumpliera alguna tarea particularmente importante, ese hijo era resultado de una intervención de Dios.

Tal es la bien conocida historia de Abraham y Sara, y del nacimiento de su hijo Isaac. Lo que frecuentemente olvidamos es que la narración bíblica señala que Dios no solamente escogió a Abraham, sino también a Sara. El que esto pase desapercibido no debe sorprendernos, pues Abraham y Sara dieron muestra de un prejuicio parecido a favor de los varones. Al ver que Sara no concebía, y en vista de la promesa de que Abraham sería "padre de muchas naciones", la pareja decidió que Abraham debía allegarse a la sirvienta de Sara, Hagar. Pero no era así que Dios deseaba cumplir su plan. Dios había escogido tanto a Abraham como a Sara, y quien llevaría la promesa sería el hijo inesperado de ambos, Isaac.

La historia del propio Isaac es parecida. Rebeca fue escogida como esposa de Isaac y madre del nuevo heredero de la promesa, pero ella era estéril. Por eso el texto bíblico nos dice que oró Isaac a Jehová por su mujer, que era estéril; y lo aceptó Jehová, y concibió Rebeca su mujer (Gn 25:21). El resultado son los gemelos Jacob y Esaú.

Viene entonces la historia de Jacob, hijo de Isaac y de Rebeca por una acción especial de Dios, y de sus esposas y concubinas. Jacob se casa con Lea y Raquel, y esta última es la esposa de su preferencia, pero no puede concebir hasta que se acordó Dios de Raquel, y la oyó, y le concedió hijos (Gn 30:23). El resultado es el nacimiento inesperado pero feliz de José, quien salvaría a su familia en tiempos de hambruna, y les encontraría sitio en Egipto.

Isaac, Jacob y José no son los únicos hijos de mujeres anteriormente estériles en la Biblia. También lo son varias de las otras grandes figuras en la historia de Israel, tales como Sansón y Samuel; y luego, en el Nuevo Testamento, Juan el Bautista.

Para un pueblo agrícola como lo era el antiguo Israel, la fertilidad no solo humana, sino también de la tierra y de los animales, era de importancia crucial. Si la cosecha fallaba, o los rebaños no se reproducían, el resultado sería un hambre trágica. Si una familia no tenía hijos que proveyeran para las generaciones mayores cuando estas no podían continuar trabajando, el resultado para esas personas mayores sería la pobreza, y hasta quizá a muerte por inanición. Lo que es más, en vista del modo en que se entendía el proceso de reproducción, si una pareja no tenía hijos, generalmente se culpaba a la mujer. Por todo ello, el que una mujer no concibiera se veía como una maldición y causa de vergüenza. Es por eso que encontramos en la Biblia tantas historias acerca de rivalidades entre esposas, y entre esposas y concubinas. Cada una procuraba superar a las otras teniendo más hijos, y con frecuencia se hacía burla de quien no los tenía.

Tanto Israel como los pueblos circundantes creían que la fertilidad era un don divino. Es Dios (o los dioses) quien sostiene a la naturaleza en su rumbo debido, el cual incluye la fertilidad de la tierra, de los animales y de las personas. Pero para Israel Dios no era solamente quien mantenía la creación en su funcionamiento propio. Ciertamente, el Dios de Israel hace eso, pero ese Dios tiene además un propósito en la historia. Dios interviene en los ciclos de la naturaleza para llevar a cabo ese propósito.

Por todo esto, el tema de la estéril que concibe tiene importancia teológica. Estas mujeres conciben como señal de quien nace no es solamente el resultado de las fuerzas y los procesos naturales, sino también que ha sido concebido. Ha nacido por razón de una acción específica de Dios, con el propósito de llevar la historia por los caminos que Dios desea.

Este tema continúa en el Nuevo Testamento en la historia de Elisabet y su hijo Juan el Bautista. Elisabet y Zacarías son un matrimonio que cumple con devoción todos los mandamientos de Dios. Pero no tenían hijo, porque Elisabet era estéril, y ambos eran ya de edad avanzada (Lc 1:7). Mientras sirve en el santuario (el Templo), Zacarías tiene una visión que le anuncia que Elisabet ha de concebir y dar a luz un hijo, y que este hijo de ellos tiene un lugar especial en los propósitos de Dios: será grande delante de Dios (Lc 1:15).

Cuando Elisabet lleva ya varios meses de embarazo, su parienta María recibe la visita de un ángel quien le anuncia que ella también ha de concebir, y que su hijo, como el de Elisabet, será especial, pero aun más: Este será grande, y será llamado Hijo del Altísimo; y el Señor Dios le dará el trono de David su padre; y reinará sobre la casa de Jacob para siempre, y su reino no tendrá fin (Lc 1:32-33).

Lucas deja bien claro que de igual modo que Jesús es la culminación de la esperanza de Israel, María es la culminación de la larga serie de mujeres que concibieron por acción divino. El cántico que Lucas pone en boca de María, comúnmente llamado el Magnificat (Lc 1:47-55), tiene por patrón el cántico de Ana (1 S 2:1-10), otra mujer estéril que concibe y tiene un hijo que viene al mundo con un propósito específico dentro de los planes de Dios, Samuel.

Para los primeros cristianos, el nacimiento virginal de Jesús era entonces la culminación del antiquísimo tema de la estéril que concibe. Su propósito no era explicar los orígenes biológicos de Jesús, sino más bien dejar bien claro que de igual modo que en tiempos antiguos Dios levantó líderes para Israel dándoles hijos a las estériles, ahora la mujer estéril por excelencia, una virgen, concibe gracias a una intervención divina ("por el Espíritu Santo"). Lo que es más, el hijo de tal nacimiento no solo será excepcional, como Isaac o Samuel, sino que no tendrá paralelo: será llamado Hijo del altísimo... y su reino no tendrá fin.

## UN VERDADERO NACIMIENTO

En el Credo el énfasis no cae solo sobre el carácter único del nacimiento de Jesús, sino también, y sobre todo, en el hecho de que nació. Por extraño que nos parezca hoy, durante los primeros siglos de vida de la iglesia, el reto más serio en cuestiones de doctrina no venía de quienes pensaban que Jesús era meramente humano, sino de quienes afirmaban que era un ser especial, y que su humanidad era pura apariencia; es decir, que parecía ser humano, pero en realidad era un ser celestial que aparentaba ser humano. Aunque hubo muchos que enseñaron tales doctrinas, el más notable era Marción, quien decía que Jesús, por ser divino, no pudo haber nacido, sino que sencillamente apareció como hombre adulto. Acerca de tales doctrinas de Marción, Tertuliano, un escritor cristiano del norte de África comenta:

> Marción, a fin de negar la carne de Cristo, negó también su divinidad. O quizá negó su divinidad para así poder negar su nacimiento. Porque ciertamente temía que el nacimiento diera testimonio de su carne, y vice versa, puesto que sin carne no puede haber nacimiento, como tampoco puede haber nacimiento sin carne...
>
> Quien pretendía que la carne de Cristo era pura imaginación también podría decir que su nacimiento era ilusorio, de modo que habría que decir que la concepción de la Virgen, y su preñez, y el parto, y la infancia toda de Jesús no son sino fantasías.[1]

Nótese que en este pasaje la concepción virginal de María se utiliza, no como prueba de la divinidad de Jesús,

---

[1]Tertuliano, *De la carne de Cristo*, 1.

como podríamos pensar, sino como prueba de que de veras nació. Lo que es más, dado el propósito anti-marcionita del Credo, cabe pensar que la frase nació de la virgen María debía traducirse más exactamente como: "nació de María, la virgen". En tal caso, el énfasis no recae tanto sobre la virginidad de María, sino sobre el nacimiento de este quien nació de María, la virgen.

En todo caso, no cabe duda de que la frase "nació de la virgen María" subrayaba tanto la realidad del nacimiento de Jesús como su singularidad; una singularidad que le hace Señor de todo, y una realidad que le hace al mismo tiempo humano como nosotros.

## CORRIENTES POSTERIORES

Desafortunadamente, según el tiempo pasó y la amenaza de Marción y de otros maestros parecidos fue quedando detrás, el tema del nacimiento virginal vino a ser objeto de mucha especulación pía que no se centraba ya en Jesús, sino en María. La atención no recaía entonces en el que nació de María, sino en María y en su virginidad, pues se pensaba que la virginidad perpetua era una virtud, y que la falta de ella era una corrupción de lo que Dios había creado. Para salvaguardar esa virginidad, se declaró que María nunca se unió a José, aun después del nacimiento de Jesús. Por tanto, contrariamente al testimonio de los Evangelios, se suponía que Jesús no podía tener hermanos. Tales especulaciones llegaron hasta el punto de declarar que Jesús no pudo haber nacido "por la puerta natural", lo cual destruiría la virginidad física de su madre. (Por ejemplo, en el siglo noveno Ratramno de Corbie, tras refutar a quienes decían que Jesús no nació "por la puerta natural", añade que "Jesús vino al mundo sin abrir la matriz, de igual modo que vino a sus discípulos aun estando cerradas las puertas", y da a entender que un nacimiento normal "corrompería lo incorrupto" [Del nacimiento virginal, 1.2]. Esto nos da a entender hasta qué punto el tema del nacimiento virginal dejó de ser una afirmación acerca del verdadero nacimiento de Jesús para convertirse en un modo de recalcar la santidad incomparable de María. A la postre, esto llevaría a algunos a declarar que María misma fue concebida sin pecado, y hasta a darle el título de "corredentora". Pero todo esto nada tiene que ver con lo que dice el Credo ni con lo que afirmaban los primeros cristianos.

Con cierta triste ironía, el resultado de todo esto ha sido abrirles camino a doctrinas muy semejantes a las que el Credo buscaba poner coto al afirmar el nacimiento virginal. Marción y muchos otros como él negaban que Jesús hubiera nacido verdaderamente, pues tal cosa haría de él un ser verdaderamente humano, de carne y hueso como los nuestros. El nacer es una realidad bien física, y lo que el Credo afirma es que Jesús nació verdadera y físicamente. Un nacimiento es señal de debilidad, puesto que el recién nacido depende absolutamente de otras personas, y el Credo afirma que Jesús también pasó por eso. Frente a todo eso, especulaciones cuyo propósito es hacer del nacimiento de Jesús una realidad puramente espiritual niegan la humanidad plena de Jesús, humanidad que el Credo busca salvaguardar.

Una vez más, frente a tales teorías y especulaciones, el Credo afirma a la vez que el nacimiento de Jesús es real y que es único. Afirma que el que fue concebido por el poder del Espíritu Santo y nació de María la virgen, al mismo tiempo que es verdaderamente humano, es mucho más que cualquier ser humano.

†

**Preguntas para considerar y discutir**

1. ¿Qué importancia tiene el declarar que el nacimiento de Jesús fue un acontecimiento único en toda la historia de la humanidad? Si lo olvidáramos o lo negáramos, ¿qué consecuencias tendría eso para nuestra fe?

2. ¿Es el nacimiento virginal parte indispensable de la doctrina cristiana? ¿Por qué? ¿Qué perdemos si lo negamos? ¿Qué ganamos al afirmarlo?

3. ¿Por qué es que la iglesia siempre ha afirmado y subrayado que Jesús es a la vez plenamente humano y plenamente divino? ¿Cómo se relaciona esa afirmación con el Credo? ¿Qué sucedería si negáramos que Jesús es divino? ¿Qué sucedería si negáramos que es humano?

# 6 † Sufrió bajo el poder de Poncio Pilato, fue crucificado, muerto y sepultado

### EL CREDO Y LA HISTORIA

Cuando de joven escuché el Credo por primera vez, me pregunté por qué parecía que se le echaba toda la culpa a Poncio Pilato. ¿Por qué mencionarle solamente a él, cuando había muchos otros que también llevaron parte de la culpa; entre ellos Judas, Herodes, el pueblo, los soldados romanos? Después de todo, Pilato no hizo más que negarse a emitir juicio, mientras otros se apresuraron a emitirlo y a llevar a cabo la condena. Lo que es más, Pilato al menos hizo un débil intento de desentenderse del asunto al lavarse las manos. A pesar de eso, el Credo le menciona a él, y no a Judas. ¿Por qué?

La respuesta es sencilla. El nombre de Poncio Pilato no aparee en el Credo para culparle a él de manera particular, sino más bien para ponerle fecha a lo que se va a contar. En esa época era imposible decir, por ejemplo, "en el año x", pues todavía no había un modo generalizado de contar los años. Por eso, lo más común era dar fechas a partir de la fundación de Roma (como decían entonces, ab urbe romana condita), o sencillamente señalando quién o quiénes gobernaban a la sazón. Hay muchos ejemplos de esto tanto en el Antiguo Testamento como en el Nuevo. En el Antiguo, Isaías dice que en el año que murió el rey Uzías vi yo al Señor sentado en un trono alto (Is 6:1). En el Nuevo, Lucas le pone fecha a la predicación de Juan el Bautista diciendo que en el año decimoquinto del imperio de Tiberio César, siendo gobernador de Judea Poncio Pilato, y Herodes tetrarca de Galilea, y su hermano Felipe tetrarca de Iturea y de la provincia de Traconite, y Lisanias tetrarca de Abilinia, y siendo sumos sacerdotes Anás y Caifás, vino palabra de Dios a Juan (Lc 3:1-2). Luego, la razón por la que se menciona a Poncio Pilato es sencillamente para ponerle fecha a lo que se dice, como cuando hoy decimos "en el año 1978".

¿Por qué es que el Credo le da tanta importancia a la fecha de lo que dice? Sencillamente para dejar bien claro que no se está hablando de mitos eternos y recurrentes, como en muchas otras de las religiones de entonces. En Egipto, por ejemplo, las inundaciones anuales del río Nilo se explicaban contando que el dios Osiris fue muerto y descuartizado por su hermano Seth, quien esparció sus restos por todo Egipto. Isis, la esposa de Osiris, recogió las diversas partes del cuerpo de Osiris, las juntó y le devolvió la vida. Pero no pudo recuperar sus órganos genitales, que había caído en el río. Por eso es que cada año el río se inunda, trayendo a toda la región la fertilidad de Osiris. Otras religiones explicaban la aparente muerte anual de la naturaleza cada invierno, para luego revivir en la primavera mediante diversos mitos en los que uno de los dioses se debilitaba cada otoño, hasta morir en invierno y luego revivir en primavera.

Pronto después de la mención de Poncio Pilatos, el Credo va a afirmar la fe en un ser divino quien murió y resucitó. Esto podría confundirse fácilmente con todas esas religiones y mitos de fertilidad que abundaban en la antigüedad. ¿Cómo evitar tal confusión? Declarando con firmeza y claridad que el Credo no se refiere a un ciclo anual como los de la naturaleza, sino a una serie de acontecimientos históricos que tuvieron lugar de una vez por todas en una fecha determinada. Osiris y los demás dioses de fertilidad mueren y se levantan de nuevo todos los años. Jesucristo murió y resucitó una sola vez, y esa sola vez es suficiente para todas las edades.

El usar el nombre de Poncio Pilato como un modo de ponerles fecha a los acontecimientos de la pasión y resurrección de Jesús parece haber sido práctica bastante común entre aquellos primeros cristianos; no solamente en Roma, donde el Credo se originó, sino también en otros lugares. A principios del siglo segundo, Ignacio, el anciano obispo de Antioquía, escribió siete cartas camino al martirio. En ellas se muestra muy preocupado por doctrinas que aparentemente estaban circulando que negaban la plena humanidad de Jesucristo. Por ello exhorta a sus lectores a estar "absolutamente seguros del nacimiento, pasión y resurrección del Señor, que tuvo lugar durante el gobierno de Poncio Pilato".[1] Unas pocas décadas más tarde, por los mismos años en que el Credo estaba tomando forma, Justino Mártir también hace uso repetido de esa referencia a Poncio Pilato. En el siglo cuarto, Rufino explicaba esta cláusula en el Credo como sigue:

> Quienes nos han dejado el Credo como un legado fueron muy sabios al subrayar la fecha en que todo esto tuvo lugar, de modo que la tradición quede firmemente establecida, y no haya peligro alguno de dudas o de confusión.[2]

---

[1] Ignacio, En *A los magnesios*, 1, y en varios otros lugares de sus cartas.
[2] Justino Mártir, (*Comentario sobre el Credo*, 18).

Esto era particularmente importante porque quienes tornaban la historia de Jesús en un mito cíclico acerca de realidades eternas, entonces mezclaban y confundían la historia de Jesús con los mitos que circulaban entonces, haciendo así de Jesús uno más entre sus muchos dioses.

## FUE CRUCIFICADO

Para quien lo escuchara por primera vez, sin conocer la fe cristiana, la afirmación más sorprendente en todo el Credo sería esta de que Jesús "fue crucificado". Hoy hablamos frecuentemente del "escándalo de la cruz" con lo cual queremos decir el hecho de que Dios sea capaz de sufrir por el ser humano. Ciertamente, esto es parte de ese escándalo a que se refiere Pablo, pero para aquellos cristianos en el Imperio Romano el "escándalo" era más que eso. La cruz de Jesús no fue un suplicio único; al contrario, era el modo más común que los romanos empleaban para castigar a los peores malhechores, particularmente a los de las clases sociales más bajas, pues quienes tenían ciudadanía romana tenían el derecho, en caso de ser condenados a muerte, de ser decapitados. Hubo casos en los que, tras una rebelión, los crucificados se contaban por millares, y su castigo se anunciaba colocando sus cruces por kilómetros y más kilómetros a la vera del camino.

Ciertamente, la crucifixión era una muerte dolorosa. El reo colgaba de la cruz en una posición que dificultaba la respiración, y se le dejaba morir lentamente expuesto a la intemperie y a la burla o lástima de quienes pasaban. A veces se usaban clavos para fijar al reo a la cruz, y otras veces sencillamente se le ataba al madero. En ambos casos, el resultado era una muerte lenta y una dolorosa agonía. Aun más allá de la muerte misma, la crucifixión era una humillación. El reo colgaba desnudo, y la burla de que hablan los Evangelios era cosa común. Cuando el reo moría, frecuentemente su cuerpo se dejaba allí colgando, para ser devorado por las aves y a la postre deshacerse. Entonces los perros y las bestias se peleaban por lo que caía de la cruz. Aunque el cuerpo de Jesús fue bajado de la cruz por respeto a una fecha de gran solemnidad para los judíos (o quizá por temor a lo que los judíos pudieran hacer si los romanos permitían que un cadáver quedara expuesto durante esa santa fecha), su crucifixión fue, además de un modo de matarle, una gran humillación.

El que los cristianos de aquellos tiempos afirmaran que creían en un Señor crucificado sería tan escandaloso para el resto de la población como si hoy alguien dijera que su fe se deposita en un criminal condenado a morir en la silla eléctrica, o ahorcado. Lo que el Credo afirma es el escándalo de que el Señor — el Kyrios a quien los cristianos estaban dispuestos a obedecer hasta por encima del emperador — murió como un criminal común y corriente, bajo el peso de la ley romana.

Tal afirmación no sería solo escandalosa y aparentemente ridícula, sino hasta subversiva. Lo que de hecho los cristianos estaban afirmando y recitando en el Credo era que la famosa ley romana había cometido un grave error al crucificar a Jesús. El Imperio le había dado muerte por proclamarse "Rey de los judíos", ¡pero con ello había crucificado al Rey del universo!

Imagine que usted es un oficial del Imperio Romano, y leal a ese imperio. ¿Qué pensaría usted de estos creyentes que decían que su Dios era el verdadero gobernante de todo cuanto hay, que seguían a un hombre crucificado por sedicioso, y que le daban a ese hombre el título de "Señor", título que el Emperador reclamaba para sí?

Una vez más, el Credo no resultaba ser una mera lista de creencias sin mayor importancia, sino una afirmación de lo que significaba creer en este Dios quien gobierna el universo, en su Hijo quien fue crucificado como un criminal cualquiera, y en el Espíritu que hace de los creyentes partícipes en la muerte y resurrección de ese reo de muerte.

## MUERTO Y SEPULTADO

Durante los primeros siglos del cristianismo, había muchas personas que negaban la humanidad de Jesús. Tales personas pertenecían a diversos grupos generalmente conocidos como gnósticos, o seguían las enseñanzas de Marción, quien, sin ser gnóstico, se acercaba bastante al gnosticismo. Todas esas escuelas y grupos diferían y disputaban entre sí. En lo que todos concordaban era en pensar que, puesto que Jesús era el Salvador y la revelación del Dios que es espíritu, no podía haber sido verdaderamente humano. Sobre todo, no pudo tener un cuerpo físico como el nuestro. Puesto que decían que el cuerpo de Jesús era mera apariencia, y no realidad, se les da el título común de "docetistas", palabra que se deriva de un verbo griego que quiere decir "parecer", o "aparentar".

Frente a tales opiniones, los cristianos insistían en la realidad de la encarnación de Dios en un ser humano pleno y verdadero. Ignacio, el anciano obispo de Antioquía citado anteriormente, nos da ejemplos de esa insistencia en la realidad de la vida física de Jesús. En una de sus siete cartas, escribe:

> Tápense los oídos si alguien viene a hablarles contra Jesucristo, quien es descendiente del linaje de David y es hijo de María; quien verdaderamente nació, verdaderamente comió y bebió, quien fue verdaderamente perseguido durante el régimen de Poncio Pilato, quien fue verdaderamente crucificado y murió a plena vista de quienes

> habitan en el cielo, en la tierra y debajo de la tierra. Quien verdaderamente resucitó.[3]

Y en otra de esas cartas, ahora con cierta medida de ironía, añade:

> Porque el Señor sufrió todas estas cosas para nuestra salvación. Y verdaderamente las sufrió, de igual modo que verdaderamente se levantó de entre los muertos. Y no, como algunos infieles dicen, que su sufrimiento fue mera apariencia. ¡Estos sí son mera apariencia! Y así como piensan, así mismo les sucederá, y no pasarán de ser entes incorpóreos y demoníacos.[4]

Es importante entender esto, porque en tiempos recientes se ha discutido mucho sobre toda una serie de supuestos "Evangelios" que pretenden contar la verdadera historia de Jesús. La mayoría de estos Evangelios no solo son bastante posteriores a los cuatro que tenemos en el Nuevo Testamento, sino que son también docéticos, pues presentan a Jesús como un ser puramente celestial, sin la realidad física de los cuerpos humanos. Por ejemplo, en el Evangelio de Santiago José sale en busca de una comadrona y la lleva a una cueva donde María les espera. Al entrar en la cueva, José y la comadrona quedan enceguecidos por una brillante nube que lo cubre todo. Cuando la nube desaparece y por fin pueden ver lo que hay en la cueva, ven a María amamantando a Jesús, quien ha aparecido de modo misterioso (Evangelio de Santiago, 19). Otros afirman que cuando se le entregó a Simón Cireneo cargar la cruz de Jesús, este

---

[3]Ignacio, *Epístola a los tralenses*, 9.
[4]Ignacio, *Epístola a los esmirniotas*, 2.

cambió de sitio con Simón, de modo que Jesús estaba en el cuerpo de Simón, y que quien estaba en el cuerpo del crucificado no era Jesús, sino Simeón. Otros decían que Jesús no tenía necesidad de comer, pues su cuerpo, por ser celestial, no necesitaba sino comida celestial.

Entre quienes afirmaban tales cosas, frecuentemente se reinterpretaba el Antiguo Testamento de tal modo que sus valores quedaban totalmente invertidos. Ya hemos visto cómo Marción decía que el Antiguo Testamento es revelación de un dios inferior, y por tanto, todo cuanto ese dios había creado debería rechazarse. Había también el grupo de los "cainitas", porque para ellos el gran personaje del Génesis era Caín, y otro de los "ofitas", porque su héroe era la serpiente ("ofitas", por el término griego ofis, serpiente). El Evangelio de Judas, recientemente publicado con mucha algazara — así como varios otros de estos Evangelios gnósticos — hace de Judas el héroe, el único que entendía que Jesús quería abandonar este mundo físico, y a quien Jesús instruyó para que le entregara.

La razón por la que el Credo subraya el sufrimiento, muerte y sepultura de Jesús es precisamente para oponerse a tales especulaciones y teorías que circulaban en el tiempo en que el Credo tomó forma. Una vez más, el Credo no se propone resumir toda la doctrina cristiana, ni siquiera toda la vida de Jesús. Nada se dice en él, por ejemplo, de sus enseñanzas ni de sus milagros. Ciertamente, los cristianos conocían todo esto y creían en ello. Pero puesto que la gran amenaza venía del docetismo, es contra ella que el Credo advierte a los creyentes.

### REFLEXIONES PARA NUESTROS DÍAS

Al estudiar lo que el Credo dice acerca de Jesús, resulta sorprendente ver que aquellos antiguos cristianos estaban dispuestos a declarar tan abiertamente que Jesús no era un personaje respetable, al menos según la medida de la sociedad romana, ni tampoco según la medida del judaísmo, para el cual la crucifixión era una maldición venida de Dios (Dt 21:23 y Gl 3:13). Así declaraban sin ambages que Jesús había muerto a manos de las autoridades romanas como criminal sedicioso, y que a pesar de eso, todavía estaban dispuestos a llamarle Señor. Por ello se les hacía objeto de mofa, se les perseguía y se les daba muerte.

Al reflexionar acerca de esto, no podemos sino notar el contraste entre la actitud de aquellos cristianos de la antigüedad y la de muchos entre nosotros hoy, para quienes la principal preocupación parece ser asegurarse de que el cristianismo venga a ser sinónimo de respetabilidad, y que la sociedad en general respete al Señor. Esa preocupación se ver por una parte entre elementos liberales, y por otra, entre los que se inclinan más hacia el fundamentalismo. Los primeros dicen que la razón por la que el cristianismo ya no tiene el prestigio que tuvo antes es por la estrechez intelectual y moral de los fundamentalistas. De parte de los últimos, se piensa que lo que ha sucedido es que la sociedad en general se ha declarado una guerra al cristianismo, buscando desprestigiarlo.

Lo cierto es que nuestros antepasados en la fe que recitaban el Credo en el siglo segundo no concordarían con ninguna de estas dos posturas. Por una parte, rechazarían la postura de muchos liberales, declarando que, a pesar de lo que se diga, sí hay una especie de conspiración y hasta de guerra contra la fe cristiana. Al mismo tiempo, rechazarían la explicación del bando fundamentalista que esa conspiración es una invención reciente por parte de personas que buscan socavar la estructura moral y espiritual de la sociedad. Aquellos cristianos de la antigüedad dirían sencillamente que esa conspiración siempre ha existido. Existía desde el principio, cuando el pecado entró en la creación, y por eso se hizo necesaria la redención. Existía cuando Jesús caminaba por Galilea, y fue ella la que llevó a su pasión y muerte. Existía en el siglo segundo, cuando los cristianos vivían en constante peligro de persecución. Aquellos cristianos dirían, como Pablo, que no tenemos lucha contra sangre y carne, sino contra principados, contra potestades, contra los gobernadores de las tinieblas de este mundo, contra huestes espirituales de maldad en las regiones celestes (Ef 6:12).

Lo que es más, aun en el día de hoy nuestros hermanos y hermanas que viven en tierras donde el testimonio cristiano parecería ser más poderoso y efectivo que el nuestro, concordarían con Pablo y con aquellos otros creyentes del siglo segundo. No reciben apoyo alguno de una sociedad que en muchos casos les presta poca atención, y en otros se les opone y hasta les persigue. En sus propios países no se les considera buenos ciudadanos, y hasta se les tilda de traidores contra su herencia y su cultura. En las sociedades en que viven, el ser cristiano no es motivo de orgullo ni de prestigio social. Tales personas deciden ser cristianas, no porque eso sea respetable o porque los cristianos gozan del apoyo de la sociedad y de la cultura, sino por pura fe y convicción. ¡No nos extraña entonces el que su testimonio sea tan poderoso!

En contraste, la mayoría de nosotros y nosotras parecemos pensar que lo importante es que nuestra fe tenga prestigio. Algunos conservadores actúan como si las oraciones en las escuelas públicas, la enseñanza de una doctrina de la creación que rechace la teoría de la evolución, y otras cosas por el estilo, fueran señal de que nuestra fe todavía es importante. Cuando, por ejemplo, en los Estados Unidos se discute la cuestión de los inmigrantes indocumentados, declaran que lo más importante es que se cumpla la ley, que ellos la cumplen, y que los indocumentados no merecen misericordia alguna por cuanto han desobedecido la ley. Frente a esto, hay liberales que parecen pensar que si nuestra fe se adaptara a todas las costumbres y valores de nuestros tiempos eso haría que las personas más abiertas a la modernidad vieran el cristianismo con mayor respeto. Parecen pensar que la sociedad tal como existe es mayormente compatible con la fe cristiana. Pero el Credo y la experiencia de los primeros creyentes que lo recitaban nos dicen otra cosa. Éste en quien creemos es un criminal condenado por la sociedad, y no un líder religioso respetable en su propia sociedad. Quienes le siguen no han de esperar que se les preste mayor respeto, ni han de esperar que la sociedad en general apoye su fe. Lo que le sucedió a Jesucristo bajo Poncio Pilato les sucede también a sus más fieles creyentes en toda sociedad.

Todo esto nos trae de vuelta a la cuestión de qué es lo que queremos decir al declarar que creemos en Dios Padre Todopoderoso, y en Jesucristo su único Hijo, Señor nuestro, y en el Espíritu Santo. Lo que estamos afirmando es que sobre este Dios trino — el Dios Todopoderoso, quien sufrió en Jesucristo y en el Espíritu Santo, se llega a nosotros — es que construimos nuestras vidas; que en este Dios no solo creemos, sino que también existimos.

†

### Preguntas para considerar y discutir

1. ¿Qué importancia tiene para nosotros afirmar y recordar que Jesús fue crucificado bajo Poncio Pilato?
2. ¿Por qué será que el Creo subraya tanto el sufrimiento, la muerte y la sepultura de Jesús?
3. ¿Qué nos dice todo esto acerca del modo en que hemos de vivir en la sociedad contemporánea, y del modo en que la iglesia ha de verse a sí misma dentro de esa sociedad?

# 7 † Descendió a los infiernos

## ALGUNAS DIFERENCIAS

SSi usted visita diferentes iglesias en las que se recita el Credo, notará que en la mayoría de ellas — católicas, anglicanas, luteranas, reformadas — se incluye la aseveración: "Descendió a los infiernos", mientras otras, particularmente las de tradición wesleyana, no la incluyen. La razón de esta diferencia no es un desacuerdo teológico; se trata solo de un desacuerdo en cuanto a qué versión del Credo se ha de emplear. Juan Wesley, erudito conocedor de la tradición patrística, sabía que esa frase no se incluía en la mayoría de los credos hasta una fecha relativamente tardía, el siglo cuarto en un caso, pero por lo general entre el siglo sexto y el octavo. A principios del noveno se incluía en la versión oficial del Credo Apostólico.

Aun así, Wesley — al tiempo que reconocía el hecho de que la frase misma era una adición posterior al Credo — sí afirmaba la doctrina. En "Una carta a un católico romano", resumía su fe en palabras que son claramente una paráfrasis del Credo y que incluyen el descenso a los infiernos:

Creo que padeció dolores indescriptibles en cuerpo y alma, y que finalmente padeció la muerte, y muerte de cruz, cuando Poncio Pilatos gobernaba en Judea, bajo el poder del emperador romano; que su cuerpo fue colocado en una sepultura, y su alma fue al lugar reservado para los espíritus; que al tercer día resucitó de los muertos y ascendió a los cielos, donde permanece en el trono de Dios, revestido del más alto poder y gloria, como Mediador hasta el fin del mundo, como Dios de toda eternidad; y que, en el final de los tiempos, descenderá del cielo para juzgar a cada persona según sus obras, tanto a los vivos como a los que hayan muerto antes de su venida[1].

Decir que la primera versión del Credo — R y sus primeros sucesores — no incluía esta frase no quiere decir que los cristianos de entonces no creyeran en el descenso al infierno. Al contrario, muchos antiguos escritores cristianos lo afirman; por lo tanto, no importa si incluimos esta frase en el Credo o no, es bueno pensar acerca de su significado.

## EL SIGNIFICADO DEL DESCENSO

Esta cláusula tiene varios sentidos, todo ellos correctos, al menos en parte. En primer lugar, está la idea misma del descenso. Al leer el Credo desde la declaración del nacimiento de Jesús hasta este punto, se ve un movimiento de descenso. El Hijo Eterno del Dios desciende a la tierra mediante el nacimiento, y en su muerte continúa descendiendo a los lugares inferiores, lo cual es el sentido original de la palabra *infernus*. Esto establece un contraste marcado con la próxima cláusula, donde afirmamos que se

---

[1]*Una carta a un católico romano*, en *Obras de Wesley*, ed. Justo L. González [Franklin, TN: Providence House Publishers, 1998], 8:172.

levantó de entre los muertos, ascendió al cielo, y está sentado a la diestra de Dios. Cuando así se mira, buena parte de lo que el Credo dice acerca de Jesús es paralelo a lo que Pablo dice en su famoso himno en Filipenses 2, que Jesús, siendo en forma de Dios, no tomó el ser igual a Dios como casa a que aferrarse, sino que se despojó a sí mismo, tomó la forma de siervo, y se hizo semejante a los hombres. Más aún, hallándose en la condición de hombre, se humilló a sí mismo, haciéndose obediente hasta la muerte, y muerte de cruz (Fil 2:6-8). El paralelismo continuará según vamos avanzando en el Credo, donde veremos que el mismo que descendió es el que ascendió y ha sido exaltado, como Pablo dice en el resto de su himno.

En segundo lugar, el descenso al infierno es la afirmación final de la verdadera muerte de Jesús. La creencia judía tradicional era que las almas de los muertos iban a un lugar bajo la tierra. Según los fariseos, estarían allí aguardando la resurrección final. Así, en Tratado sobre el alma, Tertuliano explica que todas las almas van a los lugares inferiores al morir, y Jesús fue al infierno porque verdaderamente había muerto. Jesús era completamente humano, y por lo tanto "se sujetó completamente [al sentido de la muerte humana] permaneciendo en el Hades en la forma y condición de un muerto" (Sobre el alma, 55).

En tercer lugar, se pensaba que Jesús había descendido al lugar de los muertos para predicarles a quienes habían vivido antes y estaban encarcelados allí en espera de la presencia y predicación de Jesús. Esta idea aparece in 1 Pedro, donde leemos que Cristo en espíritu fue y predicó a los espíritus encarcelados, los que en otro tiempo desobedecieron (1 P 3:19-20). Aunque en 1 Pedro la referencia es solo a quienes vivían en tiempos de Noé, este pasaje se empleaba a veces para explicar cómo Abraham y sus descendientes que vivieron antes de los tiempos de Jesús podrían ser salvos. La noción común durante la Edad Media era que cuando Jesús descendió al infierno les predicó a todos los que habían vivido antes, dándoles así la oportunidad de salvación. Según la tradición, los apóstoles les predicaron a todas las naciones, de modo que quienes vivieron después de Jesús y no creyeron tuvieron una oportunidad y no la aprovecharon. Así, al descender el infierno y predicar allí a quienes habían vivido antes, Jesús les dio a ellos una justa oportunidad de ser salvos.

## UN CUARTO SENTIDO

Un cuarto sentido que tradicionalmente se le da al descenso de Jesús al infierno se refiere a su victoria sobre los poderes del mal. En esta perspectiva, la obra salvífica de Jesús consiste ante todo en derrotar a tales poderes y así destruir su tiranía sobre la humanidad. A fin de lograr esto, Jesús desciende a los antros mismos del mal — el infierno — y allí, mediante su resurrección, le derrota. Esta visión tiene también ecos en el Nuevo Testamento donde se nos dice en Efesios que la obra salvadora de Cristo se ve en que subiendo a lo alto, llevó cautiva la cautividad (Ef 4:8, citando el Sal 68:18). La epístola continúa explicando lo que esto quiere decir en una frase parentética que parece incluir el descenso de Jesús al infierno: "Y eso de que 'subió', ¿qué es sino que primero había descendido a las partes más bajas de la tierra? El que descendió es el mismo que también subió por encima de todos los cielos para llenarlo todo" (Ef 4:9-10).

Esto bien puede llevarnos a pensar sobre la obra salvífica de Cristo de un modo diferente a como generalmente la concebimos. Para la mayoría de nosotros, la visión tradicional de la condición humana y de las obras de Cristo en respuesta a ella se expresa en términos del pecado como deuda para con Dios. Todos hemos escuchado sermones de evangelización cuyo bosquejo es esencialmente: (1) Dios nos creó y nos dio libertad para obedecer o desobedecer su ley; (2) hemos quebrantado la ley de Dios, y por tanto ahora tenemos una deuda que pagar, como en el caso de un criminal que tiene una deuda para con la sociedad; (3) puesto que es la humanidad quien tiene esa deuda, el pago ha de ser hecho por un ser humano; (4) puesto que es infinita, solo puede ser pagada por un ser infinito, es decir, Dios; (5) así, Dios se hace humano a fin de pagar nuestra deuda; (6) este ser humano, Jesús, muere en la cruz, en pago por todo el pecado de la humanidad; (7) a fin de beneficiarnos con tal pago, hemos de aceptar y confesar a Jesús. Por muy tradicional que todo esto nos parezca, no es el modo en que la mayor parte de la iglesia antigua entendía el evangelio. Lo que es más, su expresión completa no aparece sino hacia fines del siglo once, y aun entonces encontró resistencia por parte de los teólogos más tradicionales.[2]

En contraste con todo esto, había muchos en la iglesia antigua quienes veían la condición humana como una esclavitud al pecado y al Diablo, y por lo tanto la obra de Cristo como una victoria sobre ellos; victoria que nos libera para ser lo que Dios desea que seamos. Desde tal perspectiva, lo que Efesios quiere decir al declarar que Jesús llevó cautiva la cautividad es precisamente que conquistó e hizo cautivo a quien nos había oprimido. De manera semejante, los cristianos antiguos se referían a la obra de Cristo como el haber "matado a la muerte". Así, encontramos muchos antiguos escritores cristianos que se refieren a la obra de

---

[2]He escrito más ampliamente sobre esto en mi libro *Retorno a la historia del pensamiento cristiano*.

Cristo como una liberación de los poderes del mal y por tanto como el comienzo de una nueva humanidad libre de ellos. Uno de esos escritores es Ireneo, quien en la segunda mitad del siglo segundo escribió:

> Puesto que él lucho y conquistó... y mediante la obediencia se deshizo completamente de la desobediencia: porque ató a hombre fuerte y liberó a los débiles, y le dio a su propia creación la salvación, destruyendo el pecado.[3]

Ireneo entonces continúa explicando que esto requería que Jesús fuera a la vez divino y humano, aunque su explicación es diferente de la idea que Jesús tenía que ser humano para pagar nuestra deuda, y divino para que su pago fuera suficiente:

> Él hizo que el ser humano se asiera de Dios y viniera a ser uno con él. Porque a menos que el ser humano hubiera conquistado a su enemigo, este enemigo no hubiera sido conquistado legítimamente. Y además, a menos que fuera Dios quien nos hubiera dado la libertad gratuitamente, no hubiéramos podido tenerla firmemente.[4]

Dentro del contexto de esta teología, el descenso al infierno — sea o no sea parte del Credo — es mucho más que la mera consecuencia de la muerte. Es también más que una oportunidad que Jesús tiene para predicarles a quienes antes habían aguardado su venida. Es parte esencial de su obra salvadora, porque es mediante ese descenso que Jesús se adentra en el centro mismo del mal, para allí destruir su poder.

---

[3] Ireneo, *Contra las herejías*, 3.18.6.
[4] Ibid. 3.18.7.

Esto a su vez quiere decir que el significado del descenso, y aun de la cruz, solo puede entenderse a la luz de la resurrección. Mediante la encarnación, la cruz y el descenso al infierno, en lo que el Diablo parecía haber vencido, Jesús se adentró en el cuartel general del mal, para allí destruirlo.

De haber estado escribiendo hoy, bien podemos imaginar a algunos de esos antiguos escritores cristianos diciendo que en su encarnación Dios se adentró en un mundo y en una humanidad donde el mal reinaba, que en la cruz el Diablo pareció haber vencido, llevó a su oficina un paquete bien envuelto que parecía ser su premio, y con gran satisfacción lo colocó en su caja fuerte. Pero el paquete era una bomba de tiempo (con perdón por usar tal imagen militarista). Y al tercer día...

†

### Preguntas para considerar y discutir

1. ¿Qué importancia tiene la frase "descendió al infierno" para nosotros hoy? ¿Qué fundamentos bíblicos hay para ella? ¿Debería incluirse en el Credo? ¿Por qué?
2. De entre los posibles significados de ese descenso, ¿cuál le parece más pertinente a usted hoy? ¿Por qué?
3. Si decimos que Jesús ha conquistado los poderes del mal, ¿dónde vemos esa victoria hoy?

# 8 † Al tercer día se levantó de entre los muertos

### ¡HA RESUCITADO!

Lo que se expresa en las dos palabras ¡Ha resucitado! es el centro mismo de la fe cristiana. Podemos discutir exactamente lo que esta afirmación quiere decir — cómo ha resucitado, en qué clase de cuerpo, etc. —, pero sin la resurrección de Jesús la fe cristiana no es nada. Se vuelve una mera filosofía más entre muchas. Las enseñanzas de Jesús son buenas, pero por sí solas no son más que eso. El amar al prójimo es siempre bueno, pero sin la resurrección no es más que un buen consejo. Ir juntos a la iglesia puede solidificar a la familia, pero sin la resurrección la iglesia misma se desharía.

Hasta este punto nos hemos ocupado del descenso de Jesús: a la tierra en su nacimiento, a la muerte en la cruz, al infierno tras su muerte. Ahora todo cambia de dirección. Ahora el crucificado, muerto y sepultado se ha levantado de nuevo, ¡vivo de entre los muertos! Siguiendo el orden del himno de Pablo en Filipenses, ahora llegamos al punto en que Pablo dice: Por eso Dios también los exaltó sobre todas las cosas y le dio un nombre que es sobre todo nombre, para que en el nombre de Jesús se doble toda rodilla de los que están en los cielos, en la tierra y debajo de la tierra (Fil 2:9-10).

Es posible imaginar lo que el Credo dice acerca de Jesús como los primero tres escalones descendientes: "nació... sufrió... descendió al infierno". Entonces podemos imaginar tres escalones ascendientes al final sobre su poder y victoria: "ascendió... está sentado a la diestra del Padre... vendrá de nuevo a juzgar". Entre los primeros tres escalones y los últimos tres está la resurrección. En la literatura de entonces, cuando se deseaba subrayar un punto, ese punto no se colocaba al final del argumento, ni tampoco al principio, como hacemos hoy. Se le colocaba al centro mismo, envuelto en círculos concéntricos. Luego, la estructura de lo que el Credo dice acerca de Jesús podría colocarse en un diagrama como sigue:

|  |  |
|---:|:---|
| *nació* | vendrá a juzgar |
| *sufrió* | está sentado a la diestra de Dios |
| *descendió* al infierno | ascendió al cielo |

## RESUCITÓ DE ENTRE LOS MUERTOS

Hay una estructura semejante en la respuesta tradicional que el pueblo daba — y en algunas iglesias sigue dando — cuando quien celebraba la comunión decía "Grande es el misterio de la fe", y la congregación respondía en tres frases concéntricas:

|  |  |
|:---:|:---:|
| Cristo ha muerto | Cristo vendrá de nuevo |

## CRISTO HA RESUCITADO

El centro de todo lo que el Credo dice acerca de Jesús es la resurrección. La resurrección no es solo la afirmación por parte de Dios que el Crucificado es verdaderamente su Hijo. No es solo un milagro final entre muchos, para mostrar el poder y autoridad de Jesús. ¡Es el meollo mismo del evangelio!

## AL TERCER DÍA

Al final del capítulo anterior hablábamos de Jesús como una bomba de tiempo que el Diablo había robado y colocado en su caja fuerte. Y entonces, al tercer día...

Antes de ir más adelante, es necesario aclarar un punto. Recuerdo mi perplejidad cuando de niño se me hablaba de la crucifixión de Jesús en el Viernes Santo y entonces de su resurrección el domingo por la mañana. Si contamos desde la tarde del viernes hasta el domingo por la mañana, no podemos contar más de 36 horas. ¡Y 36 horas no son ni siquiera dos días! ¿Por qué, entonces, se insistía en que Cristo había resucitado al tercer día?

La explicación es sencilla. En ese tiempo se contaban los días, y los años, de modo semejante a como los centros vacacionales y los cruceros cuentan los días. Si salimos en un "crucero de ocho días", salimos tarde el lunes y regresamos temprano el lunes siguiente. De hecho, solo tenemos seis días completos y parte de dos. Pero la compañía que anuncia el crucero cuenta los días parciales como días completos. Era así que en el mundo antiguo se contaba el tiempo. Así, cuando se nos dice que Pablo estuvo enseñando por espacio de "tres años" (Hch 20:31), esto bien puede no haber sido más de catorce meses — un mes, un año completo, y otro mes. Según este modo de contar,

Jesús estuvo en la tumba tres días; parte del viernes, todo el sábado, y parte del domingo.

Fue entonces al tercer día, tras la victoria aparente de las fuerzas del mal, cuando parecía que la injusticia y la muerte tendrían la última palabra, que el Señor resucitó. La bomba de tiempo explotó. Destruyó la caja fuerte del Diablo, y su cuartel general, y abrió una gran brecha en el muro que encerraba a sus prisioneros. Es sobre la base de esas imágenes — o, más precisamente, de sus contrapartes en aquellos tiempos, cuando afortunadamente no había bombas de tiempo — que los cuadros más comunes y más antiguos de la resurrección no nos presentan la tumba vacía, sino más bien a Jesús saliendo del infierno. Y al hacerlo, le vemos no solo venciendo al poder del mal, sino también librando a otros que le siguen cuando él sale del infierno. En algunos de los cuadros más dramáticos, le vemos al salir del infierno, caminando sobre la puerta que ha derribado y bajo la cual el Diablo queda aplastado, al tiempo que una gran multitud que incluye hasta a Adán y Eva va saliendo con él del infierno. Esto es lo que comúnmente se llama la conquista del infierno.

Naturalmente, el propósito de todas estas imágenes literarias no es describir literalmente lo que aconteció en aquel tercer día. Su intención es darnos una idea de la importancia de lo que tuvo lugar entonces, tanto para nosotros como para toda la creación. También amplían nuestros horizontes acerca de lo que Jesús ha hecho por nosotros y nosotras. Desde principios de la Edad Media, los cristianos han centrado tanto su atención sobre la cruz que el mensaje de su victoria ha quedado eclipsado. ¡Jesucristo no es solo la víctima del Viernes Santo, sino que es también el vencedor del Domingo de Resurrección! Este a quien seguimos no es solo el Crucificado, sino que es también el Resucitado. Es el vencedor sobre la muerte y sobre el maligno. Y es por esa victoria que somos vencedores.

Aunque ya la victoria ha sido ganada, la lucha todavía continúa en la vida de cada creyente. Pablo lo sabía. Sin embargo, no es una lucha que nos lleva a la desesperanza, porque sabemos que ya la victoria ha tenido lugar, y porque sabemos que la última palabra la tienen el poder y el amor de Dios. Como Pablo bien dice: En todas las cosas somos más que vencedores por medio de aquel que nos amó. Por lo cual estoy seguro de que ni la muerte ni la vida, ni ángeles ni principados ni potestades, ni lo presente ni lo por venir, ni lo alto ni lo profundo, ni ninguna otra cosa creada nos podrá separar del amor de Dios, que es en Cristo Jesús, Señor nuestro (Ro 8:37-39).

### EL TERCER DÍA ES TAMBIÉN EL PRIMERO

La experiencia de aquel tercer día, que era también el primero de la semana, fue tan poderosa que los cristianos empezaron a reunirse todas las semanas ese primer día para celebrar esa experiencia (véase Hch 20:7). Cada viernes era día de duelo y ayuno en el que se recordaba nuestro pecado y su enorme precio. Mientras la mayoría de los cristianos siguió siendo judía, cada sábado era día de descanso, pero cada domingo era día de celebración y de fiesta. En el resto de la sociedad, era un día de trabajo como cualquier otro. Pero ese día en la madrugada, antes de ir a sus labores cotidianas, los cristianos se reunían para celebrar la resurrección de su Señor. Tenían que reunirse de madrugada para no ser reprendidos o castigados por sus supervisores o amos, pues muchos eran esclavos. En realidad, eso mismo les ayudaba a recordar que aquel Día de Resurrección, muy de mañana, el primer día de la semana (Mc 16:2), las mujeres fueron a la tumba y la hallaron vacía. Si el viernes era día de ayuno y de humillarse ante el Altísimo, el domingo era día de ni siquiera arrodillarse para orar. Ahora, gracias al poder de la resurrección, se era hijo adoptivo de Dios, y por tanto era tiempo de acercarse al trono, no como suplicante humillado, sino como un hijo se acerca a su padre o su madre.

Se reunían para partir el pan. El servicio era largo. Los creyentes no tenían Biblias. Según iba aumentando el número de cristianos de origen gentil, y no tenían conocimiento de la historia de lo que Dios había hecho, ni de lo que Dios requiere de su pueblo. Por lo tanto, se le dedicaba largo tiempo a la lectura y exposición de las Escrituras. Esto, sin embargo, era preparación para el punto culminante del servicio, en el que los creyentes partían el pan y bebían vino en memoria de Jesús.

Lo que se recordaba no era solo el sacrificio de Jesús en la cruz, sino también que era sobre todo su victoria en el primer día de la semana. Por tanto, en contraste con lo que vino a ser común en la Edad Media, el servicio de comunión era gozoso, y se enfocaba sobre el Resucitado más bien que solo sobre el Crucificado. En décadas recientes, los servicios de comunión se han vuelto más gozosos, en parte debido a la recuperación de algunas de las prácticas antiguas en el culto cristiano y de esta visión de la comunión como un recordatorio de la Resurrección. Por ello, se usan al principio del servicio palabras de gozo tales como "esta es la celebración de los hijos de Dios", o "este es el banquete de las bodas del Cordero".

### ¡EL TERCER DÍA ES TAMBIÉN EL OCTAVO!

Según una antigua tradición, un día el ciclo aparentemente infinito de semana tras semana llegará a su fin. Un día, tras el sábado, en lugar de otro primer día de la semana, amanecería un "octavo día". Entonces todas las promesas de

Dios hallarían su cumplimiento. El Reino de Dios vendría, y la paz de Dios prevalecería.

Los cristianos creían y todavía creen — aunque a veces lo olvidamos — que este nuevo día amaneció con la resurrección de Jesús. La resurrección no es solo un acontecimiento pasado que apunta a la victoria de Jesús en algún momento futuro. Es también el principio de una nueva era, el amanecer del Reino. Es, por así decir, el octavo día de la creación que el pueblo de Dios siempre ha anhelado. (En la iglesia antigua, y aun a veces en nuestros días, esto se señalaba simbólicamente en la forma octagonal de los baptisterios.) La principal diferencia entre esto y la antigua tradición es que, aunque el nuevo día ha amanecido y en cierto sentido ya vivimos en él, los días antiguos continúan, y seguimos viviendo en ellos. Tras el domingo, cuando celebramos el amanecer de la nueva edad, viene el lunes, y vemos que estamos todavía en la antigua. Los primeros cristianos, al proclamar que Jesús es el Señor, todavía tenían que afirmar que en un mudo muy real el emperador seguía siendo el señor. Quienes sufrían bajo un paterfamilias tiránico, al tiempo que se regocijaban en tener a Dios como padre, tenían que seguir viviendo en sus propias familias. Hoy, al tiempo que proclamamos el inicio de una nueva era de paz, justicia y amor, seguimos viviendo en un mundo de guerras, injusticia y odio.

Esto le da aun más importancia a la afirmación del Credo al tiempo que procuramos sostén al tratar de vivir entre los tiempos; entre el tiempo presente de lucha y el tiempo ya presente pero todavía futuro de la victoria. Al afirmar que "al tercer día se levantó de entre los muertos", recordamos que este a quien servimos vive; que aunque la muerte y el pecado todavía parecen ser poderosos, ya han sido derrotados.

Esto es lo que la iglesia celebra cuando se reúne el primer día de la semana para partir el pan en memoria de Jesús. Lo que recordamos no es solo que sufrió y murió. No es solo que venció en la resurrección. Es también que su victoria será nuestra. Es por esa razón que una de las más antiguas oraciones al celebrar la comunión dice: "Como este fragmento estaba disperso sobre los montes y reunido se hizo uno, así sea reunida tu Iglesia de los confines de la tierra en tu reino".[1]

†
### Preguntas para considerar y discutir

1. ¿Qué importancia tiene hoy la resurrección para nosotros y nosotras? ¿Cuándo la recordamos? ¿Cuándo y cómo la proclamamos y celebramos?

2. ¿En qué modos sería diferente el mensaje cristiano si Jesús no hubiera resucitado?

3. En nuestra vida actual, ¿dónde vemos señales del nuevo día que ha amanecido? ¿Dónde vemos señales de que seguimos viviendo en el viejo día?

---

[1] *Didaché* 9.4.

# 9 † Ascendió al cielo, y está sentado a la diestra de Dios Padre

### NO UNA MERA POSDATA

De igual modo que es muy fácil reducir el significado de la resurrección a una mera señal de que Jesús es verdaderamente el Hijo de Dios, también es muy fácil hacer de la ascensión una mera posdata a la historia de Semana Santa. Su importancia parece limitarse entonces a que responde a las preguntas: ¿Qué fue de Jesús después de la resurrección? ¿Por qué es que no le vemos como le vieron los discípulos?

Su ascensión es como el epílogo de una novela donde se nos dice lo que les sucedió a los diversos personajes después del fin de la trama. Pero la ascensión es parte esencial de la historia. Como la resurrección, se le puede interpretar de diversos modos. Es posible entenderla literalmente como se nos cuenta al final del Evangelio de Lucas (Lc 24:50-51) y al principio de Hechos (Hch 1:6-11). También es posible insistir en que el cielo no está "allá arriba", y decir sencillamente que este es el modo en que Lucas describe la sobrecogedora experiencia de los discípulos cuando Jesús les dejó. Como la resurrección, si nos deshacemos de ella, la pérdida para nuestra fe, y por tanto para nuestra vida, será importante.

## EL DÍA DE RESURRECCIÓN NO HA TERMINADO

La ascensión tiene varias dimensiones importantes. Una de ella, y quizá la más obvia, es que en cierto sentido el Día de Resurrección continúa. El Señor ha resucitado de una vez por todas. Es importante recordar esto, porque en la época de Resurrección nos referimos repetidamente al renacer de toda la naturaleza en la primavera — mariposas, flores, el calor del sol — como imágenes que nos ayudan a entender la resurrección de Jesús. Como imágenes, todas estas cosas pueden ser útiles, pero como todo lenguaje figurativo, dan lugar a malas interpretaciones. La primavera viene cada año, sencillamente para luego cederles el paso al verano, otoño e invierno, hasta el año próximo. Celebramos la resurrección cada año porque seguimos el ciclo del año cristiano. Pero lo que celebramos sucedió una sola vez y continúa hasta el día de hoy. ¡El Señor que resucitó en aquel día sigue viviendo! ¡Lo que celebramos no es el renacer cíclico de la naturaleza, sino el nacimiento de una nueva realidad, el amanecer del "octavo día", el gozo continuo de que nuestro Señor vive!

## LA ENCARNACIÓN TAMPOCO HA TERMINADO

La ascensión de Jesús quiere decir también que su encarnación no ha terminado. El Jesús que se levantó de entre los muertos sigue siendo tan humano como lo fue antes. No dejó su humanidad abandonada. ¡El que se levantó de entre los muertos y que ascendió al cielo sigue siendo uno de nosotros! Su cuerpo puede ser diferente; no lo sabemos, y tampoco es importante que lo sepamos. (Poco después de la Reforma, cuando hubo un fuerte debate entre los cristianos luteranos y los reformados acerca del modo en que Cristo está presente en la comunión — particularmente acerca de la presencia de su cuerpo — la cuestión del carácter exacto del cuerpo resucitado del Señor también se debatió, pues parecía relacionarse con la cuestión de cómo ese cuerpo podía o no podía estar presente en las celebraciones de la comunión.)

Él sigue siendo uno de nosotros, es más, como humano, él es el principio de lo que hemos de ser. Como lo expresa Pablo, ahora Cristo ha resucitado de los muertos; primicias de los que durmieron es hecho (1 Co 15:20). En otras palabras, en su resurrección él es el primero entre muchos, y sigue siendo humano, de igual modo que también nosotros y nosotras continuaremos siendo humanos por siempre.

Lo que es más, porque uno de nosotros se ha levantado de entre los muertos y está "sentado a la diestra de Dios", ¡todos hemos sido admitidos al corazón mismo de la Trinidad! Esto puede extrañarnos, porque se nos ha formado en una tradición en la que se acostumbra subrayar la trascendencia de Dios, su "otredad", su distancia de toda criatura e incluso la criatura humana. Esto tiene cierto valor, porque de otro modo tenderíamos a pensar que hay algo en nosotros que nos hace pequeños dioses, y que todo lo que tenemos que hacer para estar en comunión con Dios es alentar esa supuesta chispa de divinidad en cada uno de nosotros. Pero también hay en la tradición cristiana la otra cara de la moneda. Está el mensaje de un Dios tan amoroso que hace todo esfuerzo por llevarnos hasta su mismo corazón. Muchos han expresado la obra de Cristo diciendo, por ejemplo, que "se hizo humano para que los humanos pudieran ser divinos" (Atanasio, De la encarnación del Verbo divino, 54). Comentando sobre esta frase, el teólogo católico romano John L. Gresham escribe:

Esto no quiere decir que los seres humanos sean absorbidos en la esencia divina trascendente, sino más bien que en Cristo se nos invita a ser miembros de la compañía divina, compartiendo en las energías divinas que se intercambian entre el Padre, el Hijo y el Espíritu Santo en una circulación eterna de la vida divina.[1]

No podemos decir que ahora seamos dioses, ni que gocemos de los atributos divinos. No somos ni omnipotentes ni omniscientes. La tradición reformada ha subrayado con razón el principio de que "lo finito no puede incluir a lo infinito". Dios, y solo Dios, es Dios. Lo que la ascensión nos dice es que en la encarnación y ascensión de Cristo el Infinito ha incluido a lo finito. Al corazón mismo de la Trinidad está ahora este ser humano, Jesús. Juan Calvino dice algo parecido al declarar:

> Puesto que él ha entrado al cielo en nuestra carne, como en nuestro nombre, se sigue, como dice el Apóstol, que en cierto sentido ya nos hizo sentar en los lugares celestiales con Cristo Jesú" [Ef 2:6], de modo que no esperamos el cielo con una esperanza vana, sino que gracias a nuestra Cabeza ya lo poseemos.[2]

## ESTÁ SENTADO A LA DIESTRA DEL PADRE

Recuerdo cuando de niño escuché estas palabras del Credo poco después de haber leído Los viajes de Gulliver. Me imaginé a Jesús sentado en la mano de Dios de igual modo

---

[1] "Three Trinitarian Spiritualites" en *Exploring Christian Spirituality: An Ecumenical Reader*, ed. Kenneth J Collins, Grand Rapids: Baker Books, 2000, p. 287.
[2] *Institución de la religión cristiana*, 2.16.16.

que mi libro de Gulliver tenía una ilustración en la que se representaba un liliputiense sentado en la mano de Gulliver. Ciertamente, ¡eso no es lo que el Credo quiere decir! Sentarse a la diestra de otra persona es señal del más alto honor. En una cena formal, el huésped de honor se sienta a la derecha del anfitrión. Esto se remonta a tiempos cuando los guerreros llevaban un escudo en la mano izquierda y un arma — espada, lanza o maza — en la derecha. Esto quería decir que al tiempo que su lado izquierdo estaba defendido, el derecho era más vulnerable, y que por lo tanto todo jefe colocaba a su lado derecho al guerrero más confiable, quien le defendería de un posible ataque por ese lado. De esto surgió la costumbre de colocar al consejero más confiable del rey a la derecha del trono.

Luego, cuando el Credo afirma que Jesús está sentado "a la diestra de Dios" esto es señal de honor y de su participación en el poder de Dios. Por tanto, se relaciona estrechamente con lo que vimos en el capítulo 2 acerca del sentido de la palabra "todopoderoso": se refiere al poder de Dios sobre toda la creación. Calvino lo explica como sigue:

> Es como si dijéramos que Cristo ha recibido el señorío sobre el cielo y la tierra, y solemnemente ha tomado posesión del gobierno que le ha sido confiada — y que no solo ha recibido de una vez por todas, sino que lo tiene permanentemente, hasta el día de juicio.[3]

El autor de Hebreos combina este punto con el anterior acerca de la presencia de uno de los nuestros en el seno de la divinidad. Así, cita al Salmo 8, diciendo acerca de los seres humanos, lo hiciste un poco menor que los ángeles,

---

[3]Juan Calvino, *Institución de la religión cristiana*, 2.16.15.

lo coronaste de gloria y de honra y lo pusiste sobre la obra de tus manos (Heb 2:7-8). Pero hay una dificultad a la que Hebreos señala y luego resuelve: pero todavía no vemos que todas las cosas le estén sujetas (Heb 2:8). La solución es que vemos ... a Jesús, coronado de gloria y de honra (Heb 2:9).

En breve, la ascensión trata sobre la victoria de Jesús. Nos lleva de nuevo a la afirmación en Efesios, que Jesús subiendo a lo alto llevó cautiva la cautividad (Ef 4:8). El mismo que en su resurrección conquistó a la muerte se sienta ahora en el trono mismo de Dios. Y porque él está allí, el mal que una vez nos tuvo cautivos ya no tiene poder sobre nosotros. Y si antes temimos no solo los poderes del mal, sino también a Dios mismo, porque como pecadores no podíamos sostenernos ante la santidad de Dos, ahora sabemos otra cosa, porque, como dice Calvino, Jesús ya "llena de gracia y de bondad el trono que de otro modo estaría lleno de terror para los miserables pecadores".[4]

† 
### Preguntas para considerar y discutir

1. ¿Por qué la doctrina de la ascensión es un elemento esencial en el evangelio? ¿Qué perderíamos sin ella?
2. Cuando decimos que Jesús está sentado a la diestra de Dios, ¿qué nos dice eso acerca de los poderes que hoy parecen controlar el mundo? ¿Qué nos dice acerca de cuáles poderes son legítimos, y cuáles no?
3. ¿Qué experiencias hemos tenido que son indicio de la victoria y del poder de Jesús?

---

[4]Ibid., 2.16.16.

# 10 † De donde vendrá a juzgar a los vivos y los muertos

## UN DIOS DE JUSTICIA

Por largo tiempo, y repetidamente, los cristianos hemos tenido dificultad en decidir si nuestro Dios es un dios de amor o un dios de justicia. En fecha tan temprana como el siglo segundo, Marción pretendía que el dios secundario e inferior del Antiguo Testamento era un dios de justicia, mientras que el Padre supremo de Jesucristo era el Dios de amor. El contraste entre la justicia y el amor, entre un dios vengativo y un dios amoroso, le llevó a rechazar toda la historia de Israel y el que la revelación de Dios en Jesucristo tuviera antecedentes o preparación en las Escrituras de Israel. Como hemos visto, la iglesia rechazó tales opiniones por varias razones, y buena parte del Credo muestra el firme deseo de la iglesia de dejar bien claro que no aceptaba tales teorías.

Aun así, ideas semejantes han continuado circulando hasta el día de hoy. Repetidamente he escuchado clases de escuela dominical — y hasta a pastores graduados de seminario — declarar que en el Antiguo Testamento se presenta a Dios como un ser legalista y exigente, mientras que en el Nuevo, gracias a las enseñanzas de Jesús, Dios se presenta como un Padre amoroso. Aun peor, hay sermones en los que se habla de la deidad del Antiguo Testamento como un dios de ira y a Jesús como el que ama, perdona y consuela. Esto no es cierto. En el Antiguo Testamento, Dios es el fiel acompañante de Israel, cuyos pecados le perdona repetidamente; Dios es aquel cuya misericordia permanece para siempre, como repetidamente afirman los Salmos; Dios es el esposo amoroso dispuesto a perdonar a su esposa descarriada; Dios consuela a Israel Como aquel a quien consuela su madre, así os consolaré yo a vosotros (Is 66:13). En el Nuevo Testamento, por otra parte, Jesús habla de un fuego eterno preparado para el Diablo y sus ángeles, y de un llorar y crujir de dientes.

Quizá lo que debamos hacer sea reconsiderar el modo en que entendemos tanto el amor como la justicia. En su uso más común, tanto en nuestros tribunales como en nuestra conversación cotidiana, la "justicia" tiene que ver ante todo con castigar a los malos. Si a un ladrón se le condena a prisión, decimos que se ha hecho justicia. Si un asesino es capturado y enjuiciado, alguien dirá que la justicia requiere que se le condene a muerte. En nuestra conversación cotidiana, establecemos una ecuación entre la justicia y el que alguien "reciba lo que se merece". La justicia es lo que sucede cuando se castiga a un abusador, o cuando el embaucador resulta embaucado, o cuando se descubre la mentira de alguien. En la mentalidad popular, la justicia consiste también en recompensar el bien. Se hace justicia cuando los esfuerzos de alguien se reconocen y celebran, o cuando un buen empleado recibe un aumento de salario, o cuando los obreros y los patronos llegar a un acuerdo equitativo.

Pero la justicia es mucho más que eso. La justicia es lo que existe cuando cada cosa está en el lugar que le corresponde. (Nótese la relación entre "justicia" y "ajustar". Ajustar algo a su debido lugar, tamaño y función es una especie de justicia.) La justicia es lo que sucede cuando nadie oprime a otro, cuando todos se respetan mutuamente, cuando se afirma la vida, y la libertad, y la paz. Un gobernante justo no solo castigará a los malos y recompensará a quienes hacen el bien, sino que también protegerá a los débiles, de modo que el resto no les oprima ni explote. Un gobernante justo no se ocupará solo de que se obedezca la ley, sino también de que las leyes mismas sean justas, que no favorezcan a los ricos y poderosos de modo que puedan acrecentar sus riquezas y su poder. Tal justicia no es contraria al amor, sino que es una forma de amor.

El amor, por otra parte, no es lo mismo que dejar que otros hagan lo que les parezca o lo que deseen. No es decirle a alguien "te perdono", como si lo que han hecho careciera de importancia. Tenemos que recordar esto, porque frecuentemente nos desentendemos de los demás al usar el amor como excusa. La declaración "Está bien, lo que me hiciste no importa" bien puede ser otro modo de decir: "No importa, porque tú tampoco importas". El amor se ocupa verdaderamente del ser amado y de sus acciones. Una madre que de veras ama le requiere a su hijo que se porte bien, no solo porque tal cosa le agradará a ella, sino también porque sabe que la buena conducta es buena para su hijo. Un padre que le permite a su hija hacer lo que desee y sencillamente le dice que no importa no es un buen padre. El amor verdaderamente busca lo mejor para el ser amado. En última instancia, tal amor coincide con la justicia.

Sin lugar a dudas, tal amor y justicia se encuentran tan por encima de nuestro amor y de nuestra justicia que no podemos comprenderlos. Por lo tanto, encontramos el debate constante entre cristianos, unos diciendo que el amor de Dios requiere que todo se perdone, y otros insistiendo en que es necesario cumplir la justicia de Dios y que por tanto ha de haber un castigo eterno. En cuanto a esto, posiblemente lo más que podemos decir es que nuestra comprensión limitada del amor no nos permite entender cómo el amor de Dios puede cumplirse conjuntamente con su justicia infinita, y que nuestra comprensión limitada de la justicia no nos permite entender cómo la justicia de Dios puede cumplirse conjuntamente con su amor infinito.

En todo esto podemos recordar que el Credo termina la sección dedicada a Jesús declarando que él ha de ser el juez. Marción jamás podría haber aceptado tal aseveración. Él insistía en que Jehová es el Dios de juicio, y que en Jesús todo es perdón. Esto es una visión torcida de amor, de la justicia, y de Dios mismo. Resuelve el dilema de nuestro entendimiento limitado separando el amor de la justicia. El nuestro es un Dios de tal amor que es perfecta justicia, y de tal justicia que es perfecto amor.

## VENDRÁ

Una vez dicho todo esto, es importante recordar que el que vendrá es el mismo a quien ya conocemos; el mismo que por nosotros y nosotras nació, sufrió, fue crucificado, muerto y sepultado, y al tercer día se levantó de entre los muertos. Cuando estemos ante el trono del juicio no veremos a un juez desconocido y justiciero. Veremos al que ha llevado nuestro dolor y sufrido nuestras aflicciones. Veremos ciertamente a Dios. ¡Pero veremos también a uno de nosotros!

Es importante recordar esto. El juicio de Dios es una realidad temible, pero en última instancia es en ese juicio que el amor se impondrá. En el juicio, Dios pronuncia un NO sobre nuestras acciones, nuestros esfuerzos, nuestro modo de ser, a fin de pronunciar un gran SÍ sobre nuestro verdadero ser, y hacerlo realidad. Pero esto no les resta importancia o realidad ni al amor ni a la justicia. Como ha dicho el teólogo reformado Karl Barth: "Resulta evidente que el Sí y el No que aquí escuchamos son tan diferentes de cualquier otro sí y no como lo es el cielo de la tierra. Es evidente que ambos son declarados incondicional y fuertemente, sin los límites de relatividad de nuestras expresiones comunes, ni tampoco por nuestra incapacidad para expresarlos adecuadamente".[1]

Al fin y al cabo, al enfrentarnos al Juez de toda la creación, todo lo que podemos hacer es confiar, no en nuestras propias acciones — que nunca merecerían un veredicto de inocencia — sino en el que nació, sufrió y se levantó de nuevo por nuestro bien, quien es también el Juez. Su amor ilimitado irá unido a la justicia para nuestro propio bien y bendición. Nadie ha expresado esto mejor que Calvino:

> En esto hay una maravillosa consolación: el ver que ¡el juicio está en manos de quien ya nos ha destinado a compartir con él el honor de juzgar! Bien lejos está él de ocupar el trono del juicio para condenarnos. ¿Cómo podría un soberano tan misericordioso destruir a su propio pueblo? ¿Cómo podría la cabeza arrancarse de sus miembros?... Este es una gran seguridad, que al llegar al trono del juicio no encontraremos sino a nuestro Redentor, de quien viene nuestra salvación.[2]

---

[1] Karl Barth, *Kirchliche Dogmatik*, 3/1, p. 432.
[2] Calvino, *Kirchliche Dogmatik*, 3/1, p. 432.

†

**Preguntas para considerar y discutir**

1. ¿Cómo hemos de entender la relación entre el amor y la justicia de Dios?
2. Muchas personas se atemorizan ante la idea del regreso de Jesús. ¿Me cuento yo entre ellas? A predicar sobre ese regreso y sobre el juicio final, frecuentemente esto se hace para que quienes escuchen se atemoricen y por tanto obren mejor. ¿Qué hay de correcto en esto, y qué hay de falso?
3. Si recordamos que el Juez es también el Redentor, ¿cómo afecta eso nuestra fe y nuestra vida cotidiana?

# 11 † Creo en el Espíritu Santo

### NO ESTAMOS SOLOS

Según el Evangelio de Juan, cuando Jesús preparaba a sus discípulos para cuando ya no estuviera más con ellos. Él les dijo:

> *No os dejaré huérfanos; volveré a vosotros. Todavía un poco, y el mundo no me verá más, pero vosotros me veréis; porque yo vivo, vosotros también viviréis En aquel día vosotros conoceréis que yo estoy en mi Padre, y vosotros en mí y yo en vosotros... Os he dicho estas cosas estando con vosotros. Pero el Consolador, el Espíritu Santo, a quien el Padre enviará en mi nombre, él os enseñará todas las cosas y os recordará todo lo que os he dicho.* (Jn 14:18-20, 25-26)

Sería cosa bien triste si los cristianos tuviéramos que limitarnos a lo que el Credo dice sobre este punto. Las últimas cláusulas de la sección acerca de Jesús terminan con palabras de ausencia: "Subió el cielo... está sentado a la diestra del Padre... vendrá." La partida de un ser querido siempre nos llena de tristeza. No importa cuán seguro esté usted de que le verá de nuevo, le duele verle partir, y tener que vivir sin él o ella. Imaginemos entonces los sentimientos de los discípulos, quienes no solo habían escuchado las palabras de Jesús y visto sus grandes obras, sino que también le había visto vivo después de su muerte, y quienes ahora verían a su maestro y amigo dejarles una vez más. Cuando recordamos esto, la historia de la ascensión al final del Evangelio de Lucas resulta particularmente dramático. Los discípulos han tenido el gozo de estar con Jesús una vez más, de tener su compañía y escuchar sus enseñanzas. Ahora les lleva a un lugar elevado, y ellos tienen toda suerte de esperanzas. ¡Quizá ha llegado el momento! ¡Tal vez ahora restaurará el reino de Israel! Pero Jesús les dice que no les corresponde a ellos estarse haciendo tales preguntas. En lugar de eso, recibirán el poder del Espíritu Santo, para que puedan ser testigos de Jesús. ¡Y entonces les deja! La ascensión, que desde nuestro punto de vista es cuestión de gozo y admiración, para los discípulos mismos sería una experiencia triste, al verse allí solos mirando al cielo, hasta que dos varones con vestiduras blancas vienen a consolarles y recordarles lo que el propio Jesús les había dicho.

Entonces regresan a Jerusalén, y en el día de Pentecostés tienen lugar hechos extraños. En cuanto a lo que nos interesa, aquí hay varios puntos dignos de mención. El primero es que la promesa de Jesús, que no les dejaría huérfanos, se cumple en el día de Pentecostés. Jesús les había dicho que "el Consolador, el Espíritu Santo" vendría a ellos, que este Consolador estaría por siempre con ellos, y que gracias a este Consolador estarían con Jesús, y Jesús estaría con ellos. ¡Y hasta verían a Jesús! Debido a la presencia de este Consolador, los discípulos podrían proclamar con gozo el hecho de que Jesús ascendió, se sienta a la diestra de Dios, y vendrá de nuevo. Aunque él no esté físicamente presente con nosotros, sí lo está por medio del Espíritu.

El término que nuestras Biblias traducen como "Consolador" es paraklétos. Es por eso que al Espíritu frecuentemente se le llama el Paracleto, particularmente en nuestros himnos. La palabra paraklétos literalmente quiere decir "llamado a estar junto a", "o llamado a acompañar a". En los tribunales, un paracleto sería un abogado defensor. En situaciones de dolor y duelo, un paracleto sería un consolador, alguien que compartiera el dolor del acongojado. En última instancia, lo que este título quiere decir es que este otro Consolador, o Paracleto, acompañaría a los discípulos de manera semejante a como Jesús lo había hecho, estando siempre a su lado. Carentes ahora de la compañía física de Jesús, los discípulos tendrían otro "Acompañante" quien se acerca tanto a Jesús que al estar en el Espíritu los discípulos verían a Jesús.

Al afirmar que creemos en el Espíritu Santo, lo que estamos diciendo es paralelo a lo que queremos decir al afirmar que creemos en Dios Padre y en Jesús. Esto indica algo acera de nuestra fe, y también algo acerca del Espíritu mismo. En cuanto a nuestra fe, estamos afirmando que esa fe descansa y vive en el Espíritu. En cuanto al Espíritu mismo, estamos afirmando que el Espíritu es tan digno de honor y gloria como lo son el Padre y el Hijo.

## EL ESPÍRITU Y LA FE EN JESÚS

Otro punto importante es que la presencia y obra del Espíritu se halla indisolublemente unida a la fe en Jesús. Pablo afirma que Nadie puede exclamar '¡Jesús es el Señor!' sino por el Espíritu Santo (1 Co 12:3). Hay quien se imagina que la presencia del Espíritu Santo conlleva un nivel de discipulado o de bendición más elevado que la mera fe en

Jesús. Pero el hecho es que la verdadera fe en Jesús es siempre obra del Espíritu, y por lo tanto, siempre que tengamos tal fe debemos regocijarnos también por tener el Espíritu. Así, Calvino declara que "el Espíritu Santo es el vínculo mediante el cual Cristo no une a él de manera efectiva".[1] Si estamos unidos a Jesucristo, eso mismo es ya prueba de que tenemos el Espíritu Santo; y si verdaderamente tenemos el Espíritu Santo, también tendremos fe en Jesucristo.

La razón de esto es que la fe no es una obra humana. No es algo que podamos decidir tener por nuestra propia cuenta, cuando así lo deseemos, como si se tratara de decidir comer una manzana o una pera. La verdadera fe no se encuentra al alcance de lo meramente humano, sino que se alcanza solamente por la gracia de Dios, por la presencia y obra el Espíritu Santo.

Así, una vez más, creer en es mucho más de lo que imaginamos cuando usamos esa palabra a la ligera. Al afirmar que creemos en el Espíritu Santo, estamos afirmando no solo que creemos que hay un Espíritu Santo, sino también y sobre todo que lo que nos hace capaces de creer es el hecho de estar y creer en el Espíritu Sato. Es en virtud de este estar en el Espíritu que verdaderamente podemos afirmar: "Creo en Dios Padre Todopoderoso... y en Jesucristo, su Hijo..."

De igual modo que nosotros hoy no podemos creer en Dios y en Cristo sin el Espíritu, así tampoco los antiguos que creyeron — Abraham, Sara, Rebeca, Isaac — lo hicieron en virtud y por obra del Espíritu. El Espíritu no es un allegado de última hora en el día de Pentecostés. El Espíritu siempre había estado ahí. Al principio de la creación, el Espíritu se movía sobre la faz de las aguas. Lo que sucedió en aquel día de Pentecostés fue que, tal como Jesús se

---

[1] Calvino, *Inst.* 3.1.1.

lo había prometido, los discípulos recibieron el poder del Espíritu para ser testigos de Jesús.

## PODER PARA TODOS

Tenemos que tener bien claro cómo es que el Espíritu actúa. A veces nos imaginamos que en el día de Pentecostés fueron solo los doce discípulos quienes recibieron el poder del Espíritu. Pero si leemos con detenimiento el capítulo 2 de Hechos veremos que no es así. Según Hechos, había un buen número de discípulos presentes, y cuando aparecieron las lenguas como de fuego, "todos fueron llenos del Espíritu Santo, y comenzaron a hablar en otras lenguas" [énfasis del autor]. De no haber sido así, el discurso de Pedro no tendría sentido, puesto que lo que él dice es que se está cumpliendo la promesa de Dios, que derramaré mi Espíritu sobre toda carne, y vuestros hijos y vuestras hijas profetizarán; vuestros jóvenes verán visiones y vuestros ancianos soñarán sueños; y de cierto sobre mis siervos y mis siervas en aquellos días derramaré mi Espíritu, y profetizarán (Hch 2:17-18). Pedro puede citar esta profecía precisamente porque entre quienes han recibido el poder del Espíritu y ahora hablan en diversas lenguas son hijos e hijas, jóvenes y ancianos, siervos y siervas.

Lo que, es más, el propósito de Dios al darles el poder del Espíritu a quienes estaban congregados en el día de Pentecostés no era darles poder sobre los demás, sino más bien capacitarles para compartir ese poder. Si el propósito de Dios hubiera sido que los apóstoles y quienes más se les asemejaban siempre tuvieran las posiciones de liderato, el Espíritu bien pudo hacer que cada uno de los presentes, procedentes de diversas tierras, pudiera entender la lengua de los apóstoles. Según Lucas nos relata, cada cual se les escuchaba en su propia lengua (Hch 2:6). El Espíritu dejó bien claro que quienes hablaban el arameo de los apóstoles no tenían ventaja alguna por encima de los medos o capadocios. Una vez que habían escuchado el mensaje en su propia lengua, todos tendrían autoridad para proclamarla; tanta autoridad como los apóstoles mismos.

Esto no es lo que parecen decir muchos de quienes hoy declaran que tienen el poder del Espíritu. Al verlos y escucharlos, tal parecería que ese poder les ha sido dado para que otros les admiran, les aclamen y les obedezcan. A veces, gracias al poder de los medios de comunicación masiva, las gentes acuden a ellos como si el Espíritu Santo estuviera bajo su control. ¡Pero no! El poder del Espíritu que se manifestó en Pentecostés es el poder que hace que todos — varones y mujeres, jóvenes y ancianos, débiles y poderosos — puedan escuchar el mensaje en su propia lengua y en sus propias circunstancias. Y que al escuchar el mensaje reciban también el poder de ser testigos.

## EL ESPÍRITU SANTO

¿Por qué se le llama "Santo" al Espíritu? La santidad tiene dos dimensiones. En primer lugar, se refiere a lo que es sagrado o guarda una relación estrecha con Dios. Así, las Escrituras proclaman "Santo, Santo, Santo", que es el modo en que en hebreo se dice "santísimo". Debido a su relación con el Santo, hablamos del "Santo Templo" y de la "Tierra Santa". Cuando así usamos el término, estamos declarando que nos encontramos en presencia del Uno Solo Santo, y no nos queda sino temblar y sentirnos sobrecogidos.

El Espíritu es "Santo" en ese sentido. El Espíritu es Dios. El Espíritu es poderoso. El Espíritu no es cosa de juego, como tampoco es cosa de juego un cable de alta tensión. El Espíritu no está ahí para que tratemos de controlarlo o de usarlo como nos plazca. Nos atrevemos a tal cosa a nuestro propio riesgo, como quien quiere manejar un cable de alta tensión. El Espíritu es Santo... y lo es en grado superlativo.

Por otra parte, este Santo también se llama "Espíritu". Las palabras, tanto la hebrea como la griega, que traducimos por "espíritu" literalmente quieren decir "viento". Jesús hace uso de ese doble sentido de la palabra en su conversación con Nicodemo: El viento sopla de donde quiere, y oyes su sonido, pero no sabes de dónde viene ni a dónde va (Jn 3:8). Al hacer uso de tal imagen, Jesús se está refiriendo tanto al poder del Espíritu como a su libertad. La presencia del viento se percibe por su poder, por su sonido, por el modo en que mueve las cosas. Algunas veces la obra del viento en una suave brisa, y otras es una violenta tormenta. Ambas son el mismo viento, que decide de dónde y con qué fuerza ha de soplar. Luego, hablar de ese Santo como Espíritu es referirse tanto a su poder como a su libertad. El Espíritu Santo, como el viento, nunca está bajo nuestro control. Su presencia y actuación son impredecibles. Una y otra vez, el Espíritu nos sorprende, soplando unas veces como suave brisa y otras como tormenta arrolladora.

La santidad tiene una segunda dimensión, y se deriva de la primera. En este segundo sentido, la santidad se refiere a la pureza y obediencia. En el primer sentido decimos que Dios es santo, y en el segundo decimos que la hermana Elena es una santa. Y esto nos lleva a las próximas frases del Credo, que se refieren a la santa iglesia y a la comunión de los santos.

†

### Preguntas para considerar y discutir

1. ¿En qué sentido, y en qué experiencias, hemos experimentado al Espíritu como nuestro Consolador?

2. ¿Dónde ve usted la obra del Espíritu Santo en su propia vida? ¿En la vida de la iglesia? ¿En el mundo en derredor?
3. ¿Cómo experimenta cada uno de nosotros el poder y la libertad del Espíritu Santo?
4. Si alguien le ordena que usted le obedezca porque tiene el Espíritu Santo, ¿qué le diría usted?

# 12 † La santa iglesia católica, la comunión de los santos

### LA TERCERA SECCIÓN DEL CREDO

Debido a su antiguo uso en el bautismo, el Credo — todos los credos — tiene una estructura trinitaria paralela a la fórmula bautismal: "en el nombre del Padre, del Hijo y del Espíritu Santo". Al llegar ahora al tema de la iglesia, en cierto modo estamos todavía bajo el encabezado que se refiere al Espíritu: la tercera sección del Credo. Es por eso que vemos aquí referencias, primero, al Espíritu Santo, y luego a la santa iglesia y a la comunión de los santos. La santidad, tanto de la iglesia como de sus miembros, es deriva de la santidad del Espíritu.

Lo que es más, es en el Espíritu que creemos estas cláusulas que siguen. Como vimos en el capítulo anterior, toda verdadera fe proviene del Espíritu, y es por tanto fe en el Espíritu; es decir, fe en este Uno Santo quien es Dios.

¿Qué quiere decir la frase, "la santa iglesia católica"? Dejando a un lado por el momento la palabra "católica", la frase quiere decir que creemos en la iglesia, que somos parte de la iglesia, que somos creyentes dentro de la iglesia.

Pero esto no es en el mismo sentido en que creemos en Dios Padre, en Dios Hijo y en el Espíritu Santo. Si no vemos esa diferencia, bien podemos caer en idolatría, colocando a la iglesia en el mismo plano que a Dios. Pero la iglesia sí es parte esencial de "Creo" porque es en ella que tenemos la experiencia de fe. Aunque frecuentemente se nos ha dicho lo contrario, la fe nunca es puramente privada, sino que es siempre una realidad comunitaria. Ciertamente es personal en el sentido de que cada cual debe reclamarla por sí mismo. Pero nunca es personal en el sentido de no tener nada que ver con la comunidad de los fieles. Juan Wesley lo dijo de manera tajante al comentar acerca de la noción que algunos tienen de una religión totalmente privada:

> "Santos solitarios" es una frase tan contraria al evangelio como "santos adúlteros". El evangelio no conoce ninguna religión que no sea social, ninguna otra santidad que no sea la santidad social.1 (Ed. Jackson, 14:321).

Luego, el Credo afirma la fe en la iglesia, no en el sentido de que la iglesia sea objeto de nuestra fe, sino más bien en el sentido de que es dentro de la iglesia, en el contexto de la iglesia y como sus miembros, que creemos.

Sin embargo, la aseveración "creo en la santa iglesia católica" no siempre se ha entendido así. Durante la Edad Media se hablaba de una "fe implícita" según la cual bastaba con afirmar que uno estaba dispuesto a creer cualquier cosa que la iglesia creyera y afirmara. Pero la Reforma Protestante rechazó tal idea, que era como decir: "No sé bien qué es lo que la iglesia enseña, pero sea lo que sea, lo

---

[1]The Works of John *Wesley*. Edited by Thomas *Jackson, 14:321*. Grand Rapids: Baker, 1986.

creo, porque creo en la iglesia." Juan Calvino, al igual que otros líderes evangélicos, rechazó tal cosa:

> ¿Será eso lo que es creer? ¿No entender nada, siempre que uno se someta obedientemente a lo que cree la iglesia? La fe no se fundamenta en la ignorancia, sino en el conocimiento... No alcanzamos la salvación porque estemos dispuestos a aceptar lo que sea que la iglesia prescriba, ni tampoco porque le dejamos a ella la tarea de investigar y saber.[2]

En breve, en el sentido literal, creemos en Dios y en nadie más. Creemos en Dios Padre Todopoderoso, y en el Hijo de Dios, Jesucristo, y en el Espíritu Santo. Es gracias al Espíritu que estamos en la iglesia, que es el contexto imprescindible de nuestra fe.

## LA SANTA IGLESIA

Al tratar sobre la santidad de la iglesia, es importante recordar los dos sentidos distintos, pero paralelos, de la palabra "santo". En su sentido primario y fundamental, lo "santo" lo es porque está cerca de Dios. Es solo en su sentido secundario, derivado del primero, que lo "santo" es lo moralmente puro. Ciertamente, Dios se santo en ambos sentidos: porque es Dios, y porque es puro. Pero ¿qué queremos decir al afirmar que la iglesia es "santa"? Si pensamos que se trata de una iglesia sin mancha ni falta, ¡prácticamente no hay otra afirmación del clero que sea más difícil de aceptar! Todos hemos visto (y provisto) demasiadas pruebas de que la iglesia no es pura y sin mancha.

---

[2] Calvino, *Inst.* 3.2.2.

Para entender esto, pensemos en la frase "Tierra Santa". Ciertamente no se trata de una tierra de perfección moral, donde todos se aman unos a otros como deberían. No es siquiera una tierra de paz; sin embargo, decimos que es "santa". ¿Por qué? Porque al darle ese título recordamos que aunque sea una tierra de guerra, terrorismo y odio, es también la tierra donde le plació a Dios llegarse a nosotros con mayor claridad. Es la tierra a la que Dios llamó a Abraham y Sara, donde Jacob y sus esposas criaron a sus hijos, de donde José fue a Egipto y adonde sus descendientes regresaron; donde Samuel oyó la voz de Dios e Isaías vio al Señor. Es la tierra de Pedro y de María, y de Santiago y María Magdalena, la tierra donde Jesús anduvo, donde vertió sus lágrimas y su sangre, y donde fue sepultado. Todo esto no la hace más pura que otras tierras; al contrario, le da un tono particularmente trágico a su larga historia de guerras y odios. Pero sí la hace santa.

Del mismo modo, decir que la iglesia es santa no es reclamar para ella un nivel particular de pureza moral. La llamamos "santa" del mismo modo que decimos que aquella tierra es santa: es la comunidad de Pedro y María, de Santiago y de María Magdalena. Es la comunidad en la que los mártires dieron — y siguen dando — testimonio con su sangre, en la que misioneros han marchado a tierras lejanas por razón de su fe, en la que creyentes devotos han dedicado sus energías a la defensa de los indefensos. Esta es la comunidad en la que millones y millones — una multitud que nadie podía contar (Ap 7:9) — han encontrado apoyo en tiempos de dolor, y fe en tiempos de angustia. Es la comunidad en la que repetidamente mi fe ha sido probada y reforzada. Por todas esas razones, la iglesia es santa en virtud de la presencia del Espíritu Santo en ella. Recordemos que lo que decimos en el Credo respecto a la iglesia es parte de nuestra afirmación de nuestra fe en el Espíritu Santo. Finalmente, lo que hace que la iglesia sea santa no es su pureza moral, ni sus mártires, ni sus creyentes devotos, sino el Espíritu Santo. Como la Tierra Santa recibe ese título por estar cercana a la obra de Dios, aun cuando en ella haya toda clase de violencia, así también la iglesia es santa por su proximidad al Espíritu Santo. Afirmar que la iglesia es santa equivale a recordar que cuando nos relacionamos con esa comunidad no nos relacionamos solamente con un grupo de personas — personas que pueden ser o no ser buenas, puras o simpáticas. ¡Nos estamos relacionando con el Santísimo Espíritu de Dios!

(Quizá aquí deberíamos mencionar que, aunque el Credo no trata sobre ese tema, hay una larga y venerable tradición cristiana — particularmente en las iglesias orientales — que habla del "mundo santo". Esto no quiere decir que todo en él sea bueno. Pero, por ser criatura del Dios solo Santo, el mundo creado también merece el título de "santo".)

En breve, decir que la iglesia es santa no es reclamar para ella o para sus miembros una pureza que a todas luces no tienen, sino más bien reclamar para ella la presencia y el poder del Espíritu Santo. Y es esa santidad de la iglesia la que hace su pecado aun más trágico. La santidad de la iglesia es a la vez una afirmación de la presencia del Santo en ella y un llamado a la iglesia misma a ser más fiel a lo que esa presencia requiere de ella.

## LA SANTA IGLESIA CATÓLICA

La palabra "católica" no aparece en "R" — es decir, la forma más antigua del Credo Apostólico. Aparece primero en varios otros credos en la porción de la iglesia que hablaba griego, particularmente en el Credo Niceno que ya hemos mencionado. De allí, aparentemente en un intento de ajustarse más a esos otros credos, la palabra "católica" vino a ser parte del Credo Apostólico, posiblemente a fines del siglo cuarto. Pero al estudiar la literatura cristiana más antigua vemos que ya a principios del siglo segundo esa palabra se había vuelto un modo especial de referirse a la iglesia como un todo. Entre los escritos que se conservan, aparece por primera vez en la Epístola a los esmirniotas (8.2), de Ignacio de Antioquía. A partir de entonces aparece por doquier, y cando empezó la primera literatura cristiana en latín esa palabra tenía una acepción tan especial que Tertuliano, en lugar de traducirla al latín, sencillamente la transliteró del griego, inventando la palabra catholica.

Tertuliano bien pudo haber traducido la palabra griega, catholiqué, por universalis. Como sabemos, es así que la traducen varias versiones evangélicas del Credo, para evitar confusión con la Iglesia Católica Romana. Esa traducción es en cierta medida correcta. Ciertamente, cuando los antiguos cristianos hablaban de la "iglesia católica" se referían a la iglesia que estaba presente en todas partes, en contraste con otros pequeños grupos locales. En realidad, la palabra "católica" quiere decir "según el todo", de modo que lo que hace que la iglesia se pueda dar el nombre de "católica" no es su presencia universal, sino más bien el hecho de que gentes de todas partes del mundo son parte de ella y contribuyen a ella. En su sentido estricto, la catolicidad de la iglesia no se opone a que haya en ella una variedad de perspectivas y opiniones, sino todo lo contrario; tal variedad es necesaria para que haya verdadera catolicidad. Usando la palabra "católico" en ese sentido, los cristianos se referían al canon, o lista de libros del Nuevo Testamento, como "católico", con lo cual querían decir que en contraste con los diversos movimientos sectarios, cada cual con un evangelio propio, el canon "católico" incluye cuatro Evangelios. Los sectarios tienen un solo escrito y rechazan todos los demás. Pero la iglesia "católica" — la iglesia "según el todo" — tiene un canon que incluye cuatro Evangelios diferentes, y ella misma incluye una diversidad de perspectivas y experiencias.

Luego, cuando el Credo se refiere a "la santa iglesia católica" no se está refiriendo a una denominación o grupo particular — como la Iglesia Católica Romana — sino que está afirmando la existencia de la iglesia aun en medio de nuestras diferentes teologías, tradiciones y formas de gobierno, y afirmando también que somos miembros de esa iglesia.

## LA COMUNIÓN DE LOS SANTOS

De entre todas las frases del Credo, está es la que más se discute entre los intérpretes e historiadores. Parece haber sido añadida al Credo hacia fines del siglo cuarto o principios del quinto, pues quien primero la cita es Nicetas de Remisiana, quien murió en el año 414. Su sentido más obvio sería "la comunión de los creyentes", en cuyo caso no es sino una explicación de "la santa iglesia católica". Pero el problema está en que cada una de las dos palabras de esta frase latina, communio sanctorum, puede tener más de un sentido.

Communio puede significar confraternidad, pero también puede ser compartir. Luego, la frase podría traducirse como se hace hoy, "la comunión de los santos", o como "el compartimiento entre los santos"; algo así como lo que vemos en los primeros capítulos de Hechos, y que siguió siendo práctica por largo tiempo. Cuando esa frase se le añadió al Credo, tal compartir prácticamente había desaparecido, y se practicaba casi exclusivamente en comunidades monásticas. Luego, esta frase bien puede haber sido un llamado por parte de los monásticos al restablecimiento de la antigua práctica de compartir.

Sanctorum comúnmente se traduce literalmente "de los santos", pero también puede ser "de las cosas santas". Si se le entiende de este segundo modo, la communio sanctorum buen puede ser el compartir las cosas santas, particularmente en el servició de comunión.

Lo más probable es que originalmente esta frase tenía connotaciones que incluían todos estos aspectos. De ser así, cuando afirmamos "la comunión de los santos" nos estamos refiriendo: (1) a nuestra comunión con los creyentes a través de todo tiempo y lugar; (2) a nuestra disposición a compartir con quienes tienen necesidad; (3) a la realidad de que ese compartir incluye las "cosas santas"; es decir, que las "cosas santas" no nos pertenecen individualmente, sino a la iglesia como un todo.

Pero es necesario ir más allá de la historia y de cuestiones de interpretación. ¿Qué quiere decir todo esto para nosotros hoy? ¿Qué queremos decir al repetir estas palabras del Credo? Ciertamente nos referimos al compañerismo entre creyentes, tanto presentes como ausentes. Probablemente estemos también declarando que ese compañerismo se besa en nuestro compartir de las "cosas santas"; es decir, en nuestra fe común, nuestro bautismo común, en el pan que compartimos en la comunión. Y quizá nos estemos comprometiendo a compartir de lo que tenemos con los miembros más necesitados de esta santa iglesia en la que el Señor nos ha puesto.

†

### Preguntas para considerar y discutir

1. ¿En qué sentido es "santa" la iglesia? ¿Dónde vemos la santidad de la iglesia? ¿Puede ser "santa" una iglesia en la que hay pecado?
2. ¿Qué implica el afirmar que la iglesia es "católica"? Si afirmamos tal cosa, ¿cuál ha de ser nuestra actitud hacia otros cristianos con quienes no concordamos en todo?
3. ¿Qué significa para usted "la comunión de los santos"? ¿Cómo se ve eso en sus actitudes y en su vida?

# 13 † El perdón de los pecados

### ORÍGENES DE LA FRASE

Al igual que "la comunión de los santos", la frase "el perdón de los pecados" parece haber sido añadida al Credo durante el siglo cuarto. En tal caso, es fácil entender por qué. En ese tiempo la cuestión del perdón de los pecados era ampliamente debatida. Unos años antes, tras la peor de las persecuciones, el emperador Constantino le había puesto fin a toda persecución. Pronto se volvió respetable, y a veces hasta necesario, declararse cristiano. No todos los creyentes veían esto con buenos ojos. Algunos de los más distinguidos predicadores de todos los tiempos insistían en que ser cristiano era mucho más que eso, y llamaban a las masas a una comprensión más profunda de esa fe que habían adoptado. Otros abandonaron las comodidades de la ciudad y se apartaron a lugares desolados para allí dedicarse a la oración y la contemplación. Mientras todos los anteriores seguían siendo fieles miembros de la iglesia, otros declaraban que la iglesia se había vuelto demasiado suave para con los pecadores, particularmente para con quienes en tiempos de persecución había renegado de su fe; por lo tanto, insistían en que la iglesia verdadera era solamente la de ellos. Aunque hubo varios grupos de esta índole, el más importante era el de los "donatistas". El donatismo apareció casi inmediatamente tras el fin de la persecución. Una de las muchas presiones que los creyentes habían sufrido anteriormente era la orden de entregar los libros sagrados para ser quemados. Las respuestas entre los cristianos variaron. Algunos se negaron a entregar los libros, y por tanto fueron torturados y frecuentemente muertos. Otros entregaron los libros, diciendo que eran los libros sagrados de su fe. Aun otros entregaron los libros, argumentando que era mejor salvar vidas que libros. A los tales se llamó traditores, es decir "entregadores", de donde viene nuestra palabra "traidor". Eran tiempos difíciles en que había que hacer decisiones difíciles, de modo que cada cual siguió un curso de acción diferente.

Tras cesar la persecución, muchos de quienes se habían doblegado ante sus amenazas buscaban volver a la iglesia. Una vez que daban muestras de su sinceridad, la mayoría de ellos podía volver al seno de la iglesia, pues después de todo se supone que la iglesia deber ser un centro de amor y perdón. Pero otros protestaron contra esto, insistiendo en que la iglesia ha de ser santa y de ser testigo constante de la verdad de Cristo. ¿Cómo entonces aceptar en su seno a quienes eran pecadores reconocidos que habían renegado de su fe?

Por esas razones, estos grupos más estrictos rechazaban al resto de la iglesia por considerarla pecadora, y crearon su propia iglesia. Puesto que uno de sus jefes se llamaba Donato, este grupo recibió el nombre de "donatistas". Al parecer, fue en respuesta a esa negativa por parte de los donatistas a aceptar a los pecadores, que se llegó a añadirle al Credo la frase "el perdón de los pecados".

## EL PROBLEMA PERSISTE

La controversia donatista fue larga y no tiene por qué detenernos aquí. Lo que más nos interesa al respecto es que esa controversia trajo a relucir la tensión implícita entre dos modos de entender la santidad de la iglesia. Uno de esos modos es pensar que la iglesia es santa porque tanto ella como sus miembros son puros. Otro de ellos es pensar que la iglesia es santa porque su Dios es santo, y que su tarea es ser un pueblo que manifieste el amor y la gracia de ese Dios santo. De hecho, ya desde el siglo anterior la iglesia de Roma se había visto dividida al menos dos veces por líderes que insistían en que la santidad de la iglesia está en la pureza moral de sus miembros.

El problema no ha terminado. En nuestros cultos, frecuentemente confesamos nuestra pecaminosidad, anunciamos el perdón de Dios, y nos damos señales mutuas de perdón y reconciliación. Pero la cosa no es tan fácil. Si alguien ha cometido un gran pecado, particularmente si ese pecado resultó en escándalo, no está claro cuánto ni cuándo hemos de perdonar. Frecuentemente, tal persona sencillamente se aparta de la iglesia, en parte por su propio sentimiento de culpa y en parte porque los demás le rechazan. Si decide volver a la iglesia, probablemente buscará otra congregación para así evitar que se le siga rechazando, y para que su iglesia anterior no tenga que decidir si se le va a perdonar o no. Cuando tal cosa sucede, bien podemos preguntarnos si en realidad creemos y practicamos eso del "perdón de los pecados".

Algo semejante sucede al nivel interpersonal. Alguien nos hiere de algún modo, y sencillamente nos negamos a perdonarle. Conservamos nuestros rencores, y no estamos dispuestos a abandonarlos. O perdonamos de un modo que es en realidad una especie de venganza disfrazada de perdón, diciéndole a la otra persona que lo que hizo no tiene importancia, lo cual es como decirle que ella misma nos importa poco. A veces tales actitudes afectan la vida de toda la comunidad. Por ejemplo, alguien propone algo y otros se le oponen, no porque sea mala idea, sino más bien porque quien lo propone ha hecho algo contra lo cual los demás guardan rencores y amargura.

Es aquí que la aseveración del Credo acude en nuestro auxilio. Afirmar "el perdón de los pecados" es afirmar que nosotros mismos hemos sido perdonados. Junto a las frases anteriores, "la santa iglesia católica" y "la comunión de los santos", esta frase quiere decir que quienes la afirmamos también hemos sido perdonados. Afirmamos el perdón porque sin él nosotros mismos no estaríamos aquí, no estaríamos confesando esta fe, y no seríamos parte de esta comunidad. Mediante la acción del Espíritu Santo en quien creemos, la iglesia es la compañía de quienes hemos experimentado — y seguimos experimentando — el perdón de los pecados.

Además, afirmar el perdón de los pecados requiere afirmar el perdón de los pecados de otros. Ambas cosas se relacionan. Jesús lo declaró tajantemente al explicar la oración que les enseñó a sus discípulos, y también en sus parábolas. En cuanto a lo primero, les dijo: Por tanto, si perdonáis a los hombres sus ofensas os perdonará también vuestro Padre celestial; pero si no perdonáis sus ofensas a los hombres, tampoco vuestro Padre celestial os perdonará vuestras ofensas (Mt 6:14-15). De momento, estas palabras parecen indicar algo así como una transacción: Si ustedes perdonan a otros, Dios les perdonará. No obstante, se trata de algo mucho más profundo. Una de las razones por las que a veces se nos hace tan difícil perdonar a los demás es que no estamos tan seguros de haber sido perdonados.

Quizá pensamos que no hemos hecho nada que requiera perdón. Al otro extremo, tenemos tal sentimiento de culpa que el único modo de conservar nuestra supuesta dignidad es pensar que otros son peores que nosotros, y por tanto no merecen perdón. Cualquiera que sea el caso, no estamos listos a aceptar el perdón de Dios. ¡Nuestra propia negativa a perdonar también quiere decir que no somos perdonados!

En cuanto a las parábolas, recordemos la que aparece en Mateo 18, acerca del siervo que se niega a perdonar. La parábola cuenta de un esclavo quien es obligado a comparecer ante el rey para rendir cuentas, y resulta que le debe diez mil talentos. Estamos tan acostumbrados a pensar en los "talentos" como el poder cantar, administrar, etc., que se nos olvida que un talento era una fuerte suma de dinero. Un talento era unos seis mil denarios, y un denario era el salario común por un día de trabajo. Luego, lo que el siervo le debe al rey as algo así como sesenta mil días de trabajo — ¡unos 200 años! El rey le perdona la deuda, y al salir de la corte el siervo se encuentra con otro que le debe unos cien días de trabajo. Le trata con violencia, exigiéndole que le pague lo que le debe. Y cuando no se lo paga, le hace encarcelar a causa de su deuda. El rey se entera, le hace llamar y le dice: Siervo malvado, toda aquella deuda te perdoné, porque me rogaste. ¿No debías tú también tener misericordia de tu consiervo, como yo tuve misericordia de ti? (Mt 18:32-33). Entonces manda que se le torture hasta que pague lo que debe. Y Jesús añade: Así también mi Padre celestial hará con vosotros, si no perdonáis de todo corazón cada uno a su hermano sus ofensas (18:35).

El sentido de la parábola está claro. Ante Dios, todos somos como aquel siervo que debía una enorme cantidad, pero se le perdonó. Si estamos en la iglesia, y si nos declaramos cristianos, es precisamente por eso. Somos el pueblo a quien Dios ha perdonado. Pero ahora nosotros, quienes hemos recibido tal perdón, exigimos que los demás nos paguen hasta el último centavo de lo que nos deben. Así decimos, por ejemplo: "Después de todo lo que hice por él, ni siquiera me dio las gracias. ¡Jamás se lo perdonaré!" O: "Lo que dijo acerca de mí no era verdad, y me hizo mucho daño. ¡Jamás la perdonaré!" ¿Cómo somos capaces de olvidar lo mucho que se nos ha perdonado?

Pero la parábola misma tiene otra dimensión. El hombre que fue perdonado y que luego trató de exprimir de otro todo lo que podía era siervo del rey. Cuando quien le debe dinero le ve venir, no ve solo a quien le ha prestado dinero, sino también a un representante del rey. Lo que este hombre haga se verá como reflejo del rey a quien sirve. Al abusar del deudor y echarle a la cárcel está diciendo algo no solo acerca de sí mismo, sino también acerca del rey a quien sirve. El hombre pobre a quien el siervo del rey oprime pensaría entonces que el rey mismo es un tirano exigente y abusador. Luego, las acciones mismas del siervo hablan mal del rey que ha sido tan bueno con él.

¿Qué decir entonces acerca de la iglesia y sus miembros? Decimos que somos siervos de Dios y que proclamamos su amor. Cuando nos negamos a perdonarnos unos a otros, o cuando todo lo que la iglesia hace es señalar los males y los pecados de los demás, ¿cómo nos ven esas personas? Por lo menos pensarán que somos unos hipócritas y malagradecidos que nos llamamos pecadores perdonados, pero no lo creemos ni actuamos como si lo creyéramos. Y aun más, puesto que nos declaramos siervos del Rey, quienes nos ven llegarán a la conclusión de que nuestro Dios es tan severo como lo somos nosotros.

†

### Preguntas para considerar y discutir

1. ¿Por qué es importante afirmar que creemos en el perdón de los pecados? Y cuando lo afirmamos, ¿será verdad?
2. ¿En qué modos lo que hacemos respecto al perdón dice algo del modo en que entendemos el amor de Dios?
3. Si hemos experimentado el perdón de los pecados, ¿qué implica eso para nuestras relaciones dentro de la iglesia y fuera de ella?

# 14 † La resurrección del cuerpo y la vida perdurable

## LA VIDA ETERNA

Las más antiguas versiones del Credo terminaban con las palabras "la resurrección del cuerpo". Lo de la "vida perdurable" no parece haber sido añadido como una afirmación aparte de la anterior, sino más bien como una aclaración respecto a lo que se ha de entender por "la resurrección del cuerpo". Aparentemente había quienes señalaban a la resurrección de Lázaro y de otros en la Biblia quienes, a pesar de haber resucitado, a la postre murieron. Sobre esa base se preguntaban si la resurrección no llevaría una vez más a la muerte. Así, la resurrección de Lázaro, que en el Evangelio de Juan es señal de la resurrección final, llevaba a algunos a temer que su propia resurrección les llevaría a una nueva muerte, como en el caso de Lázaro. Como ha dicho un erudito del siglo veinte, esta cláusula fue añadida porque "resulta claro que muchas personas buscaban más que la mera promesa de que un día se levantarían de entre los muertos, y la resurrección misma no era garantía de que continuarían viviendo". Por eso, dice él, "el propósito de la cláusula [la vida perdurable] en el Credo es darle seguridad a quienes tenían tal preocupación".[1]

La frase misma no era nueva, puesto que aparece en el Nuevo Testamento más de dos docenas de veces, y en toda suerte de textos: los Evangelios Sinópticos, Juan, Hechos, Romanos, 1 Timoteo, 1 Juan y Judas. Y aun en aquellos libros del Nuevo Testamento en que no aparece la frase misma, la idea está presente. Lo que es nuevo en el siglo cuarto es que fue entonces que se le añadió al Credo esta frase que siempre había sido parte de la fe de la iglesia.

Aun así, mucho se ha escrito a través de los siglos acerca de esta frase, en la que muchos han encontrado consuelo al mismo tiempo que un sentido de misterio. Lo que resalta en mucho de esos escritos es el contraste entre lo que ahora llamamos "vida" y la "vida eterna". Tal contraste no consiste únicamente en que esta vida se ababa y la otra no, como si fuera solo una cuestión de cuánto dura cada una de ellas. La diferencia está también en el gozo constante de la vida futura en contraste con las luchas, dolores y angustias de la presente. Quizá quien mejor ha expresado esto es San Agustín, quien al principio mismo de sus Confesiones declara: "[Señor] tú nos hiciste para ti, y nuestro corazón no descansará hasta no descansar en ti" (1:1).

## LA RESURRECCIÓN DEL CUERPO, NO LA INMORTALIDAD DEL ALMA

No cabe duda de que la resurrección final de los muertos fue parte del mensaje cristiano desde sus mismos orígenes. Lo que es más, esa doctrina existía ya entre los fariseos desde mucho antes del advenimiento del cristianismo. En esto

---

[1] J. N. D. Kelly, *Early Christian Creeds*, Londres: Longman, Green & Co., 1950, p. 387.

los fariseos estaban en fuerte desacuerdo con los saduceos, quienes negaban tal resurrección. También resulta claro que desde bastante temprano hubo entre los cristianos quien tuvo dificultades con esta doctrina. Tales dificultades son el trasfondo del capítulo 15 de Primera de Corintios, donde Pable ofrece fuertes argumentos a favor de la resurrección de los muertos y contra quienes la negaban.

Lo que se discute en ese capítulo de Corintios no es solo si hay vida tras la muerte, sino más concretamente si el cuerpo mismo ha de resucitar. La idea de que habría vida tras la muerte era bastante común en el mundo helenista dentro del cual el cristianismo se iba abriendo paso. Sócrates y su discípulo Platón estaban convencidos de que habría tal vida futura, y lo mismo puede decirse de la mayoría de sus discípulos. Creían que el alma era inmortal y que por lo tanto al separarse del cuerpo, aunque el cuerpo muere, el alma siempre sigue viviendo. También estaban convencidos de que el verdadero ser de la persona estaba en el alma. Por tanto, la muerte y corrupción del cuerpo tenían poca importancia, o que tal muerte y corrupción deberían valorarse como algo positivo, como la liberación del alma de su esclavitud al cuerpo. De ahí el juego de palabras en griego, soma sema: el cuerpo es sepulcro. También los gnósticos enseñaban la inmortalidad del alma, que según ellos era una chispa de divinidad aprisionada dentro del cuerpo. Y lo mismo es cierto de Marción, para quien la "vida eterna" era la liberación del alma de sus ataduras a este mundo material creado por Jehová.

Por extraño que nos parezca hoy, la mayoría de los pastores y maestros cristianos veían una marcada diferencia entre la idea común de la inmortalidad del alma y la doctrina cristiana. Esa diferencia estaba precisamente en la resurrección del cuerpo. Esa doctrina de la resurrección difería de la mera inmortalidad del alma al menos en dos puntos: primero, que la vida eterna es don de Dios; y segundo, que los propósitos últimos de Dios incluyen no sola la creación espiritual, sino también lo material.

## LA VIDA PERDURABLE COMO DON DE DIOS

Pensar que la vida eterna es algo que sucede naturalmente, porque el alma es inmortal por su propia naturaleza, es olvidar que esa vida es don de Dios. La supuesta "inmortalidad" del alma parecería indicar que el alma es inmortal sencillamente porque lo es, de igual modo que una esfera es redonda porque lo es. Sócrates, por ejemplo, discute ese tema en el diálogo Fedón, escrito por Platón, y llega a la conclusión de que "el alma es la absoluta semejanza de lo divino, y es por tanto inmortal, inteligible, uniforme, indisoluble e inmutable". Y entonces comenta que quienes le han condenado a muerte pueden matar su cuerpo, pero no su alma, pues el alma es por definición la vida, y nadie puede matar la vida.

Los primeros cristianos veían cierto valor en lo que los filósofos decían acerca del alma y se inmortalidad. Al tratar de responder a las burlas de sus vecinos, quienes se mofaban de ellos por creer en una vida tras la muerte, lo que esos filósofos habían dicho resultaba ser un argumento fuerte, puesto que ellos también habían afirmado la vida tras la muerte. Sobre esa base los cristianos podían reclamar que lo que decían no era tan extraño, pues los mejores filósofos también lo habían dicho. Por eso los cristianos comenzaron a hablar cada vez con mayor frecuencia de la inmortalidad del alma, y cada vez menos de la resurrección del cuerpo, a tal punto que algunos llegaron a pensar que lo que Sócrates había enseñado y lo que la iglesia afirmaba eran prácticamente lo mismo.

Pero los cristianos siempre han insistido en que el único ser verdaderamente eterno es Dios. Toda la creación ha venido a la existencia por obra de Dios, y sigue existiendo por obra de Dios. Si el poder sostenedor de Dios dejara de actuar, toda la creación se disolvería en la nada. Esto incluye también al alma, la cual no puede existir sin ese poder sostenedor de Dios, pues ella misma, como cualquier otra realidad, es creación de Dios. No se trata entonces de que vivamos porque tenemos alma, sino más bien de que tenemos alma y vivimos por la gracia sustentadora de Dios. Por eso se puede decir que el alma es "sempiterna"; es decir, que permanece por siempre, pero no que es "eterna" sin principio ni fin.

## LA RESURRECCIÓN DEL CUERPO

Los cristianos insistían en la resurrección del cuerpo por dos razones principales. La primera es subrayar el papel activo de Dios en la esperanza cristiana. Lo que los cristianos esperamos no es una mera continuación de lo que ya existe, tal y como ya existe. No es sencillamente el desarrollo normal de las cosas como ya son. Si colocamos una bola en lo alto de un declive, rodará hacia abajo. Esto no tiene mucho de sorprendente; tal es la naturaleza de las cosas. La bola rueda porque es lo que se supone que haga, lo que hace por razón de su propia naturaleza y de las fuerzas de la naturaleza. Al insistir en la resurrección del cuerpo, los cristianos dejaban bien claro que lo que esperaban no era sencillamente el resultado de lo que ya existe, el desarrollo natural de las cosas. Estaban bien apercibidos de que eso de la resurrección del cuerpo no era cosa fácil de creer. Los críticos les hacían preguntas difíciles: ¿Qué sucederá con quienes murieron en el mar y fueron devorados por los peces? ¿Se dedicará Dios a ir por todo el mundo recolectando pedacitos de cada cuerpo humano? ¿Qué sucederá si alguna partícula ha sido parte de más de un cuerpo? ¿A quién pertenecerá? ¿Habrá entonces cuerpos con agujeros o con falta de algunas piezas? A todas estas preguntas — y muchas otras parecidas — los cristianos respondían diciendo que la resurrección final es obra de Dios, una obra tan grande como la creación misma. El Dios que hizo todas las cosas de la nada no tendrá dificultad alguna en recrear los cuerpos de los muertos, a pesar de las objeciones de quienes plantean preguntas necias. Lo que todo esto quería decir es que la esperanza cristiana descansa en la fe en Dios, y no en la naturaleza de las cosas; ni siquiera en la naturaleza del alma, como diría Sócrates.

La segunda razón por la que los cristianos insistían en la resurrección del cuerpo era la necesidad de afirmar el valor del mundo material. Marción y una pléyade de otros maestros pretendían que el mundo físico no era creación de Dios, ni era tampoco parte del plan divino; más bien, era un obstáculo contra el que ese plan se impondría. Según ellos, la salvación no podía tener nada que ver con lo material o corpóreo. Frente a tales doctrinas, la iglesia afirmaba su esperanza en la resurrección del cuerpo material.

Este tema era de tal importancia que las versiones más antiguas del Credo, tanto en latín como en griego, no dicen sencillamente "la resurrección del cuerpo", sino "la resurrección de la carne". En la mayoría de las versiones modernas del Credo esto se ha cambiado para tomar en cuenta lo que Pablo dice acerca de la naturaleza desconocida y misteriosa del cuerpo resucitado. Sin embargo, no importa qué traducción se emplee, la esperanza cristiana incluye tanto lo material como lo espiritual, tanto el cuerpo como el alma. El teólogo jesuita Karl Rahner lo ha expresado de manera tajante:

> Por lo tanto, nosotros los cristianos somos los más sublimes de todos los materialistas. No podemos ni debemos pensar que pueda haber una plenitud última del espíritu

y de la realidad sin pensar también acerca de la materia como algo que también alcanzará su plena perfección. Es cierto que no podemos imaginar de manera concreta qué será la materia en ese estado de permanencia y perfección final, por toda la eternidad. Pero debemos amar nuestra propia realidad física y la realidad de mundo en que vivimos de tal modo que nos sea imposible pensar acerca de nosotros mismos viviendo eternamente sin pensar también en la permanencia del aspecto material de nuestras naturalezas en un estado de perfección final.[2]

Es en este punto que la doctrina de la resurrección del cuerpo tiene implicaciones prácticas para nuestra vida cotidiana: "amar nuestra propia realidad física y la realidad de mundo en que vivimos". Si afirmásemos solo nuestra confianza en la inmortalidad del alma, bien podríamos decidir, como lo han hecho muchos cristianos, que todo lo que importa es lo espiritual. De ahí hay solo un paso para llegar a la conclusión de que el cuerpo es malo, o al menos innecesario; por tanto, lo único que es importante es salvar las almas — tanto la nuestra como las de otros. Siguiendo esa línea de pensamiento, ha habido cristianos que se han convencido de que al obligar a otro a convertirse mediante amenazas y hasta torturas les estaban haciendo un gran favor. Hasta el día de hoy, todavía hay cristianos que se preguntan por qué hemos de alimentar a los hambrientos, buscar justicia para los oprimidos, y ocuparnos de los ancianos, cuando lo que debería preocuparnos es solamente la salvación de las almas.

Pero nosotros declaramos que creemos en "la resurrección del cuerpo y la vida perdurable". La vida que esperamos es

---

[2]Karl Rahner, *Theological Investigations*, Vol. 7, Londres: Darton, Longman & Todd, 1971, p. 183.

vida en el cuerpo. La vida que afirmamos es vida en el cuerpo. Y, como creyentes en esa resurrección final y en esa vida perdurable, vivimos ahora amando y respetando estos cuerpos que se han de levantar de nuevo en aquel día glorioso.

Hasta ese día, nos unimos con una gran multitud a través del mundo y de las edades, atreviéndonos a declarar:

*Creo en Dios padre Todopoderoso,
Creador del cielo y de la tierra.
Y en Jesucristo, su único Hijo, Señor nuestro; quien fue concebido por el Espíritu Santo, nació de la virgen María, sufrió bajo el poder de Poncio Pilato, fue crucificado, muerto y sepultado, descendió a los infiernos, al tercer día resucitó, ascendió al cielo, y está sentado a la diestra del Padre, de donde vendrá a jugar a los vivos y los muertos.
Y creo en el Espíritu Santo, la santa iglesia católica, la comunión de los santos, la resurrección del cuerpo y la vida perdurable.*

¡Amén! ¡Así sea!

†

### Preguntas para considerar y discutir

1. ¿En qué se diferencia la idea de la inmortalidad del alma de la doctrina y la esperanza de la resurrección del cuerpo?

2. ¿Qué puede implicar para nuestra vida cotidiana el creer en la resurrección del cuerpo? ¿Será lo mismo que creer en la inmortalidad del alma?

3. ¿Cómo se deja ver en sus actitudes y acciones el hecho de que usted cree en la vida perdurable? Si usted no creyera en ella, ¿en qué modos serían diferentes esas actitudes y acciones?

## SEGUNDA PARTE

# Sermones sobre el Credo de los Apóstoles

*por Pablo A. Jiménez*

# 15 † Algunas consideraciones preliminares

*Por Pablo A. Jiménez*

Como fue informado anteriormente, la idea de escribir un libro sobre cómo predicar el Credo de los Apóstoles surgió originalmente en una conversación informal que sostuve con Justo L. González a mediados de la década del 1990. En esa ocasión diagramamos el libro y, aunque nunca escribimos el bosquejo del proyecto, la idea quedó en nuestras mentes y corazones.

En el 2007, Justo publicó The Apostle's Creed for Today (en español, El Credo de los Apóstoles para hoy), un breve libro que reavivó en mi la idea de trabajar el tema. Durante el 2013 estuve preparándome para producir y predicar la serie de sermones sobre el credo. La investigación me llevó a leer varios libros de teología sistemática que a la larga fueron de gran ayuda para el proyecto.

Comencé a presentar la serie de sermones formalmente en enero de 2014, predicándolos en el primer servicio de la Iglesia Cristiana (Discípulos de Cristo) en el Barrio Espinosa del municipio de Dorado, en Puerto Rico. Comenzar a principios de año permitió que las secciones sobre la muerte, pasión, crucifixión, resurrección y ascensión de Jesucristo coincidieran con la temporada de Cuaresma, que nos prepara para la Semana Santa. La serie concluyó en junio de 2014.

Además de predicar sermones basados en estos manuscritos, compartí los mismos con un grupo selecto de amistades que predican regularmente. Manuel Collazo, Ivelisse Valentín Vera, Jesús Rodríguez Cortés y Laura E. Maldonado leyeron los manuscritos y los comentaron, aventurándose a predicar algunos sermones inspirados en ellos.

Me place indicar que tanto la respuesta de la Iglesia como la de mis colegas fue muy positiva. Por eso, hoy me atrevo a compartir con ustedes estos manuscritos, esperando que puedan usarlos para enriquecer su predicación.

Nótese que en ningún momento me refiero a los manuscritos como "sermones", dado que el sermón es un evento que transcurre en el tiempo y en el espacio. Es un "happening" que ocurre cuando una persona proclama la Palabra de Dios ante una congregación en el contexto de un culto cristiano. Un manuscrito escrito en papel o transmitido por medio de un archivo electrónico no es un sermón, dado que no recoge la experiencia comunitaria de adoración no permite ver la reacción de la congregación a la palabra proclamada.

De todos modos, puede encontrar archivos electrónicos con grabaciones en vídeo y audio de todos los sermones basados en estos manuscritos. Acceda a los mismos por medio de mi canal de YouTube (drpablojimenez) o busque la sección titulada "Sermones sobre el Credo de los Apóstoles" en mi página en el Internet: www.drpablojimenez.com.

Notarán que estos manuscritos son relativamente breves. Leídos tal como están pueden predicarse en cerca de 15 minutos. La razón para su brevedad es doble. Por un lado, los prediqué en un servicio de adoración donde el sermón, por lo regular, se presenta en 15 o 20 minutos. Por otro lado, son breves de manera que quienes deseen predicar sermones basados en estos bosquejos tengan espacio para añadir sus propias ideas, alargando sus sermones a veinte minutos, a media hora o aún más, de acuerdo a su tradición.

Ofrezco estos manuscritos de sermones con amor, esperando que sean de bendición para vida espiritual y su ministerio. Aquellas personas que deseen predicar sus propios sermones basados en estos manuscritos, deben adaptarlos a su propio estilo. Algunos consejos prácticos que le pueden ayudar en esta tarea son:

1. Todo manuscrito y toda transcripción de un sermón debe leerse en voz alta, con entonación y sentimiento. Recuerde que estos manuscritos han sido escritos "para el oído", no para la vista. Si se limita a leerlos en silencio, no podrá apreciar el ritmo y los juegos de palabras contenidos en estos sermones.
2. Lea el manuscrito detenidamente. Elimine las secciones que sean poco pertinentes para usted, para su congregación o para su contexto ministerial.
3. Elimine las ilustraciones personales que haya incluido el autor o la autora del manuscrito del sermón.
4. Haga su propia versión del manuscrito o bosquejo del sermón, reescribiendo el texto en sus propias palabras. Si el lenguaje teológico del sermón es muy complejo, simplifique las ideas, definiendo los conceptos pertinentes.
5. Expanda el sermón, añadiendo sus propias ideas teológicas, anécdotas e ilustraciones.
6. En fin, debe usar el manuscrito de sermón impreso en este libro como punto de partida para desarrollar su propio bosquejo sermonario. sermón.

En la parte preliminar de cada manuscrito, donde se presentan los rudimentos de cada sermón, encontrará términos importantes relacionados a la teoría homilética que enseño. Para entenderla mejor, le refiero a mis escritos, particularmente a Principios de Predicación, La Predicación en el Siglo XXI y a la Biblia para la Predicación. La información detallada sobre estos libros, que puede adquirir a través de mi página en el Internet, se encuentra en la Bibliografía. La versión de la Biblia que he privilegiado en esta serie es la Reina-Valera Contemporánea (RVC), publicada por las Sociedades Bíblicas Unidas.

Espero en Dios que estos apuntes le motiven a usar el Credo de los Apóstoles como base para una serie de sermones doctrinales. Del mismo modo, esperamos que la lectura y el estudio de estos manuscritos sea de bendición tanto para usted como para quienes le escuchen predicar.

# 16 † ¡Creo!

- **Texto:** Marcos 9:21-24 (RVC)
- **Idea central:** La fe es confianza que nos lleva a entrar en una relación de mutua fidelidad con Dios.
- **Área:** Formación Espiritual
- **Propósito:** Explorar el significado de la fe.
- **Diseño:** Temático
- **Lógica:** Inductiva

## INTRODUCCIÓN

¿Qué significa creer?
¿Qué quiere decir "yo creo"?
¿Qué queremos decir con esa frase?

La frase "yo creo" es una de esas expresiones que tienen muchos significados, dependiendo de la circunstancia o situación en la cual se exprese. Por ejemplo:

Decimos "yo creo" para expresar una opinión, tal como "creo que va a llover". En una situación como esta, queda claro que la opinión es nuestra, que las demás personas no tienen que estar de acuerdo con nosotros y que podemos equivocarnos.

Decimos "yo creo" para expresar una preferencia, tal como "creo que ese traje te queda mejor que el otro". Una vez más, en esos casos deseamos que los demás estén de acuerdo con nosotros, pero sabemos que sus preferencias pueden ser muy distintas a las nuestras.

Y decimos "yo creo" para expresar una convicción, tal como "creo que la familia es la base de la sociedad civil. Estas convicciones las llevamos tan adentro de nuestra mente y corazón que conforman la base de nuestra personalidad. Cuando uno tiene una convicción fuerte, defiende esa convicción y hasta trata de convencer a los demás de adoptar nuestra posición.

## TRANSICIÓN

Más adelante, la Biblia Hebrea presenta la fe como la obediencia a los mandamientos divinos, particularmente aquellos que aparecen en el Pentateuco; es decir, en la colección que forman los libros de Génesis, Éxodo, Levítico, Números y Deuteronomio. En hebreo, esta colección se conoce como la "torá", palabra que quiere decir ley, enseñanza e instrucción.

Ya en el Nuevo Testamento, la fe se expresa cuando se toma la decisión de seguir a Jesús, el Cristo, por los caminos de la vida. Fe significa convertirse en un discípulo o una discípula de Jesús, que tiene la disposición de vivir de acuerdo a su ejemplo y a sus enseñanzas.

Para el Apóstol Pablo, la fe es la seguridad de que somos "justificados" por medio de Jesucristo. Es decir, que Dios declara gratuitamente que ahora somos personas "justas" y que podemos relacionarnos correctamente tanto con la divinidad como con el resto de la humanidad.

No podemos olvidar la definición que ofrece la Epístola a los Hebreos, cuando dice: Tener fe es estar seguro de lo que se espera; es estar convencido de lo que no se ve (Heb 11:1). En ese sentido, la fe es esperanza.

## PERSPECTIVAS TEOLÓGICAS

Para la Iglesia Antigua, tener fe era sinónimo de aceptar y obedecer las enseñanzas bíblicas, viviendo de manera piadosa. Por ejemplo, Agustín de Hipona, teólogo mejor conocido como San Agustín, veía la fe como la total dependencia de Dios, quien es el único que puede rescatarnos de nuestra condición de pecado.

La Iglesia Católica antigua recalcaba que la fe nos lleva a participar de los sacramentos — particularmente de la penitencia — para recibir la gracia divina la fe consistía en recibir la penitencia por medio de la cual se alcanza la salvación.

En reacción, la Reforma Protestante recalcó la centralidad de la obra de Cristo para nuestra fe, exhortando a cada creyente a leer y estudiar la Biblia para conocer las verdades evangélicas.

A partir de la Reforma surgieron diversas tradiciones protestantes, cada cual con sus propios énfasis. Por ejemplo:

- La tradición reformada, de donde surgen las Iglesias Presbiterianas, recalca la soberanía y la fidelidad de Dios.
- La tradición wesleyana recalca la santificación del creyente que tiene una experiencia de fe.
- Y la tradición pentecostal afirma el impacto del Espíritu Santo en la vida de cada creyente.

## LA FE COMO CONFIANZA EN DIOS

Dado que muchas veces comprendemos las cosas mejor por medio de historias que de definiciones académicas, les pido que tornemos nuestra mirada al noveno capítulo de

Marcos, particularmente al relato de la liberación de un joven endemoniado.

Jesús baja del Monte de la Transfiguración donde se encontraba orando (vv. 2-13) y encuentra a varios de sus discípulos rodeados de una multitud (v. 14). Estos habían estado tratando de liberar a un muchacho endemoniado, pero no habían tenido éxito en su empresa (vv. 15-19). Jesús pide que le traigan al muchacho, quien convulsaba violentamente (v. 20). Contra este trasfondo, escuchemos el diálogo que ocurre en los vv. 21 al 24:

> Jesús le preguntó al padre: "¿Desde cuándo le sucede esto?" Y el padre respondió: "Desde que era niño. Muchas veces lo arroja al fuego, o al agua, con la intención de matarlo. Si puedes hacer algo, ¡ten compasión de nosotros y ayúdanos!" Jesús le dijo: "¿Cómo que "si puedes"? Para quien cree, todo es posible." Al instante, el padre del muchacho exclamó: "¡Creo! ¡Ayúdame en mi incredulidad!"

En este contexto, fe quiere decir confianza. De hecho, cuando uno explora las raíces de la palabra griega pistis — que se traduce en nuestras Biblias como "fe" — uno encuentra que significa confiar en Dios. Esa confianza nos permite entrar en una relación de mutua fidelidad; una relación que nos lleva a serle fieles al Dios que es fiel a nosotros.

## CONCLUSIÓN

En este contexto, la fe no implica perfección moral ni doctrinal. Para acercarnos a Dios, no necesitamos vidas perfectas ni tenemos que conocer perfectamente el contenido de todas las enseñanzas cristianas.

Por lo tanto:

Decir "creo en Dios" quiere decir "confío en Dios".

Decir "creo en Dios" quiere decir "deseo ser fiel a Dios".

Decir "creo en Dios" quiere decir "yo sé que Dios es fiel a mí".

En resumen, decir "creo" quiere decir "ayúdame, Señor, a creer y a confiar en ti".

# 17 † Creo en

- **Texto:** Hebreos 9:6
- **Idea central:** Dios es el centro, el contenido y el objeto de nuestra fe.
- **Área:** Formación espiritual
- **Propósito:** Recalcar la importancia de la fe en Dios.
- **Diseño:** Temático-Doctrinal
- **Lógica:** Inductiva

## INTRODUCCIÓN

Los tiempos cambian. Y si usted tiene la dicha de vivir por largo tiempo, usted ve cómo cambian los valores y las convicciones de la gente.

## LA CRISIS DE LA MODERNIDAD

A manera de ejemplo, tomemos las actitudes de la gente hacia la fe. Por siglos, el mundo occidental vivió de acuerdo a los parámetros de la modernidad. Desde el siglo XVI hasta mediados del XX, el mundo privilegió la razón sobre todas las cosas, menospreciando la fe. Se veía la ciencia como la solución a todos los problemas de la humanidad y se soñaba con erradicar males tales como la pobreza, el abuso de drogas ilegales o el cáncer. Se veía la religión como un vestigio de tiempos primitivos, como una droga que adormecía a los pueblos.

Empero, todo cambió a mediados del siglo XX, a partir de la Segunda Guerra Mundial. El mundo perdió la confianza en la ciencia, que había conducido a la humanidad a la guerra nuclear y, por lo tanto, al borde del desastre.

La crisis de la modernidad ha cambiado el mundo. La gente ha cambiado sus actitudes hacia la ciencia. En vez de verla como la fuente de salvación, la vemos como una fuente de nuevas enfermedades y de contaminación ambiental. En lugar de salvar al mundo, el cambio climático lo está destruyendo.

### LA FE EN LA FE

Ante la crisis de la ciencia, la gente se ha tornado a la fe. Durante la segunda mitad del siglo XX vimos un enorme crecimiento en el fervor religioso de nuestros pueblos. Por ejemplo, el movimiento evangélico en Puerto Rico tuvo un crecimiento explosivo durante este tiempo, fundando iglesias locales, desarrollando instituciones para-eclesiásticas y estableciendo emisoras radiales. Esto explica la enorme influencia del protestantismo en un país que, hasta mediados del siglo XX, era mayormente Católico Romano.

Ahora bien, ese fervor religioso no es exclusivamente cristiano. En años recientes también vimos el crecimiento de otras religiones, tales como el Islam, y de diversas prácticas religiosas, tales como "el movimiento de la Nueva Era".

Esta apertura a las prácticas religiosas ha llevado al mundo a valorar la fe sobre la razón, invirtiendo las ideas de la modernidad. El problema es que una cosa es tan peligrosa como la otra. El menosprecio de la fe lleva al cientificismo, mientras que el menosprecio de la razón lleva al fideísmo.

El diccionario de la Real Academia Española (RAE) define el fideísmo como la "tendencia teológica que insiste especialmente en la fe, disminuyendo la capacidad de la razón para conocer las verdades religiosas". O, para ponerlo en lenguaje más sencillo, el fideísmo es la fe en la fe.

Basta echar un vistazo al Internet para ver cómo se manifiesta esta tendencia a sobrevalorar la fe. Algunos de los mensajes que encontrará dicen:

- Solamente ten fe.
- La fe es el humilde caminar hacia la verdad.
- La fe ve lo invisible, cree lo increíble y recibe lo imposible.
- Todo es posible si puedes creer.
- Y si quieres creer en algo, comienza por creer en ti mismo.

¿Qué tienen en común estas cinco expresiones? Noten que ninguna de estas frases menciona a Dios. Todas celebran la fe, invitándonos a creer. Empero, ninguna menciona a Dios como objeto de fe.

Quizás ahora puedan comprender mejor el concepto del fideísmo. Es innegable que hay personas que tienen fe en la fe, fe en creer y fe en lo religioso. Sin embargo, no creen en Dios, mucho menos en el Dios que se ha revelado a la humanidad a través de la obra de Jesucristo.

## HAY QUE CREER QUE LE HAY

Debe quedar claro, pues, que la fe cristiana confiesa fe en Dios, rechazando el fideísmo. Para decirlo con toda claridad, la Iglesia tiene fe en Dios, no en la fe misma.

Si vamos a Hebreos 11, encontramos una larga disertación sobre el tema de la fe. Comienza definiendo la fe en el primer versículo, que dice: Tener fe es estar seguro de lo que se espera; es estar convencido de lo que no se ve.

Después de esta declaración tan contundente, Hebreos 11 ofrece un catálogo de héroes de la fe, quienes enfrentaron la adversidad de la mano de Dios.

Así llegamos al versículo 6, que dice en la RVR 1960: Pero sin fe es imposible agradar a Dios; porque es necesario que el que se acerca a Dios crea que le hay, y que es galardonador de los que le buscan. Como de costumbre, les invito a escuchar el texto en una traducción más clara y más moderna, como la RVC, que dice: Sin fe es imposible agradar a Dios, porque es necesario que el que se acerca a Dios crea que él existe, y que sabe recompensar a quienes lo buscan.

De este modo, el texto establece que la mera fe en la fe es inaceptable. La fe cristiana tiene un contenido claro: el mensaje evangélico que Dios le ha legado a la humanidad a través del sacrificio de Jesús en la cruz.

Lo que es más, el contenido de la fe cristiana no es un "algo", sino un "alguien". Y ese "alguien" no es una divinidad genérica, impotente ni amorfa. Por el contrario, ese "alguien" es el único y verdadero Dios, quien se ha revelado en la persona histórica de Jesucristo y en las Sagradas Escrituras.

El cristianismo no es un ejercicio teórico, sino un estilo de vida que nos lleva a establecer, desarrollar y cultivar una relación de amistad con Dios. Tener un encuentro de fe es mucho más importante que memorizar ideas, afirmar dogmas o dictar conferencias. La fe nos lleva a establecer una relación personal con el Dios personal que desea salvar a la humanidad.

## CONCLUSIÓN

Hebreos 11.6 nos recuerda que Dios es el centro, el contenido y el objeto de nuestra fe. Nos recuerda que tenemos fe en un "alguien" que demanda santidad, compromiso y valentía. Y nos recuerda que para acercarse a Dios, es necesario creer que Dios existe y que Dios recompensa a quienes le buscan con fe.

Hace años, un joven me decía que no creía en Dios. Pensaba que era un invento de la sociedad, proclamado para controlar a la gente. Cuando me confrontó con su declaración, le respondí de manera inesperada. Le pregunté si se lo había dicho. Confundido, el joven me preguntó: "¿A quién? ¿A mi mamá?" Yo le respondí: "¿Se lo has dicho a Dios?" Sorprendido, me dijo: "¡Pero le acabo de decir que no creo en Dios! ¿Cómo le voy a hablar si no creo en él?" Mi respuesta fue clara: "No tienes nada que perder. Si no existe, Dios no tendrá nada que decirte. Empero, dado que Dios sí existe, hablará con amor a tu corazón. Trátalo."

Días después, el joven me llamó. Le pregunté que deseaba y me dijo: "Le llamo para que, por favor, ore por mí."

Sí, mis hermanos y mis hermanas, podemos orar a Dios con entera confianza. Porque Dios existe, porque Dios es bueno y porque Dios es perdonador, yo "creo en" Dios.

# 18 † Creo en Dios, Padre

- **Texto:** Romanos 8:14-17
- **Idea central:** Al confesar "Creo en Dios, Padre..." afirmamos que nuestra fe y confianza está depositada en el Dios de amor que se ha revelado a través de la obra salvífica de Jesucristo.
- **Área:** Formación espiritual
- **Propósito:** Explorar la imagen de Dios como Padre.
- **Diseño:** Temático (Lo que es y lo que no es)
- **Lógica:** Inductiva

## INTRODUCCIÓN

DDurante las pasadas semanas hemos estado hablando del significado de la fe. En su mayor esencia, hemos definido la fe como un acto de confianza en Dios. Además, hemos indicado que esa no es una confianza depositada de manera arbitraria en ideas o conceptos, sino que es una confianza en un ser sobrenatural a quien llamamos "Dios".

Hoy deseamos explorar quién es ese Dios en el cual confiamos. Una vez más, recalcamos que no es un dios genérico ni una imagen poética para referirnos al sumo bien. Por el contrario, el Dios a quien la Iglesia adora es aquel que se ha revelado a la humanidad como el Padre de nuestro Señor Jesucristo.

## LO QUE NO ES

De primera intención, la idea de que Dios es padre puede parecer chocante. En nuestros tiempos, parece ser una idea machista y por lo tanto, arcaica. Para algunos, hasta podría ser un vestigio patriarcal de tiempos antiguos.

Ese sería el caso si el referente de la imagen paternal de dios fuera la cultura romana. En Roma, el padre era el centro de la familia. Cuando decimos "padre" nos referimos al hombre que tenía poder sobre todas las personas que formaban parte de su familia extendida, o "clan". Para algunos era padre; para otros era abuelo, tío y hasta dueño, en el caso de los esclavos.

El nombre en latín para ese hombre era el "paterfamilias". Por lo regular, mantenía el control sobre su familia, sus siervos y sus esclavos hasta que los emancipaba. Aún después de muerto, su familia guardaba unas imágenes del paterfamilias llamadas "genios", a los que dedicaban oraciones y ofrendas, particularmente libaciones de vino.

En términos sociales, el Emperador era visto como el paterfamilias de todo el Imperio, sosteniendo control sobre sus súbditos. Esto explica por qué algunas personas rechazan la idea de Dios como padre, porque lo ven como un paterfamilias cósmico que desea dominar, esclavizar y, por lo tanto, oprimir a la humanidad.

Lamentablemente, hay personas cristianas que ven a Dios de este modo, como el padre opresivo que sólo sabe castigar a quienes rompen sus reglas. Estas personas también cometen el error de creer que Dios es varón, es decir, que Dios pertenece al género masculino. Y si digo que esto es un error, es porque la Biblia deja claro que los espíritus no tienen género, pues Mateo 22:30 dice lo siguiente sobre los espíritus: En la resurrección ni se casarán ni se darán en casamiento, sino serán como los ángeles de Dios en el cielo.

## LO QUE ES

Ahora bien, cuando vemos el texto con mayor detenimiento nos damos cuenta que Jesús de Nazaret nunca describió a Dios como un padre austero, opresivo o dominante. No, mis buenos hermanos y mis buenas hermanas, Jesús nunca se relacionó con Dios como si éste fuera un paterfamilias romano.

La clave para comprender la imagen de la paternidad divina se encuentra en Romanos 8:14-17 que dice:

> *Porque los hijos de Dios son todos aquellos que son guiados por el Espíritu de Dios. Pues ustedes no han recibido un espíritu que los esclavice nuevamente al miedo, sino que han recibido el espíritu de adopción, por el cual clamamos: ¡Abba, Padre! El Espíritu mismo da testimonio a nuestro espíritu, de que somos hijos de Dios. Y si somos hijos, somos también herederos; herederos de Dios y coherederos con Cristo, si es que padecemos juntamente con él, para que juntamente con él seamos glorificados.*

Jesús hablaba un idioma llamado arameo, que aunque parecido al hebreo, era un tanto distinto. En ese idioma, como en todos los otros, hay una forma cariñosa de referirse a un padre. En cierto sentido, estas palabras reflejan la forma como un bebé que apenas comienza a hablar se refiere a su padre.

En español tenemos palabras como papá, papi o papito; mientras que en inglés tenemos términos como "daddy" o "dada". En arameo esa palabra era "abba".

Como leímos en Romanos 8, el Apóstol Pablo afirma que el Espíritu Santo de Dios actúa de manera sobrenatural en la persona que confiesa fe verdadera en Jesús el Cristo, llevándole a desarrollar un nuevo estilo de vida.

El cambio es tan revolucionario que esa persona creyente pasa a ser adoptado o adoptada como hijo o hija de Dios. Ese espíritu de adopción inspira al creyente a adorar a Dios exclamando: "¡Abba, Padre!". Es decir, que nos conduce a llamar a Dios "papito papá".

La erudición bíblica entiende que este término arameo proviene del mismísimo Jesús, quien seguramente llamaba a Dios "Abba". Esto explicaría textos como Juan 5:17-18, que dice: Y Jesús les respondió: Mi Padre hasta ahora trabaja, y yo trabajo. Por esto los judíos aun más procuraban matarle, porque no sólo quebrantaba el día de reposo, sino que también decía que Dios era su propio Padre, haciéndose igual a Dios. La explicación más sencilla es que los líderes del judaísmo tradicional se escandalizaban cuando Jesús hablaba de Dios, porque lo llamaba "papá".

De ser así, una de las oraciones más escandalosas de Jesús fue la que conocemos como el "Padre Nuestro", que se encuentra en Mateo 6:9-13 y en Lucas 11:1-4. Jesús no elevó oraciones a un vetusto paterfamilias romano, sino al "Abba" amoroso que desea salvar a toda la humanidad.

## CONCLUSIÓN

En resumen, cuando confesamos la frase que dice "Creo en Dios, Padre…" estamos afirmando que nuestra fe y confianza está depositada en el Dios de amor que se ha revelado a través de la obra salvífica de Jesucristo.

Creer en este Dios de amor implica que rechazamos las imágenes divinas distorsionadas que intentan presentar a Dios como un ser violento, arbitrario u opresivo. Dios no es un genio maligno, como tampoco es el verdugo del cosmos.

En Cristo, vemos a Dios como:

Aquel que se revela a la humanidad con la intención
de salvarla,
Aquel que sabe amar, perdonar y tener misericordia,
Y como Aquel que se humanó para identificarse con
el ser humano.

Por lo tanto, hablar de la paternidad divina es afirmar que Dios nos ama tanto como un padre ama a sus hijos e hijas y como una madre ama a sus críos. Quiera Dios que todos nosotros y que todas nosotras, experimentando el impacto de ese "Espíritu de adopción" descrito en Romanos 8, podamos exclamar desde lo profundo de nuestro ser: "¡Abba, Padre! ¡Creo en ti!".

# 19 † Creo en Jesucristo, nuestro Señor

- **Texto:** Hechos 2:36
- **Idea central:** Jesús de Nazaret es el Cristo, el único Hijo de Dios y nuestro Señor.
- **Área:** Formación espiritual
- **Propósito:** Recalcar el señorío de Jesucristo.
- **Diseño:** Temático
- **Lógica:** Inductiva

## INTRODUCCIÓN

"Creo en Jesucristo, su único Hijo, Señor nuestro": Esta contundente afirmación marca el comienzo de la segunda parte del Credo de los Apóstoles. Es la segunda vez que el Credo incluye las palabras "Creo en". Esa frase solo aparece tres veces en el Credo, siempre en referencia a las tres divinas personas:

> Creo en Dios.
> Creo en Jesucristo.
> Y Creo en el Espíritu Santo.

Nótese que el Credo no dice "creo que..." sino "creo en". No es lo mismo "creer que" a "creer en". La primera frase revela que uno afirma una idea o el contenido de una aseveración. Sin embargo, "creer en" implica un compromiso claro con la persona en quien se cree.

Una vez más, debe quedar claro que nosotros no creemos en una idea, hipótesis o propuesta. Creemos en alguien, y ese "alguien" es el Dios que se revela por medio de la persona histórica de Jesucristo, en el poder del Espíritu Santo.

## UN SOLO DIOS

La fe cristiana cree en un solo Dios. Ahora bien, tiene el dilema que ese Dios se ha revelado a la humanidad como Padre, Hijo y Espíritu Santo. Aunque el Nuevo Testamento no ofrece explicaciones filosóficas sobre la relación entre dichas personas, queda claro que es en estos tres que vivimos, nos movemos y somos (Hch 17:28).

La Iglesia cristiana cree en un solo Dios, pero ese Dios no es uno en soledad. Por el contrario, Dios es uno en comunidad. Para decirlo con mayor claridad, dentro de Dios mismo hay comunidad compuesta por el Dios Padre, el Dios hijo y el Dios Espíritu Santo.

¿Qué quiere decir esto? Quiere decir que Dios es amor porque dentro de Dios mismo hay amor, el amor entre las tres divinas personas. El Dios Padre ama al Hijo y al Espíritu Santo. Creemos que Dios es una comunidad de amor eterno, y más que un misterio a resolver, ofrece un modelo de amor que toda la humanidad debe imitar. A manera de ejemplo, veamos el mensaje de Juan 15:9-10:

> *Así como el Padre me ha amado, así también yo los he amado a ustedes; permanezcan en mi amor. Si obedecen mis mandamientos, permanecerán en mi amor; así como yo he obedecido los mandamientos de mi Padre, y permanezco en su amor.*

## JESUCRISTO

Quien nos desafía a amar como Dios le ama es Jesús de Nazaret, a quien la Iglesia llama Jesucristo. Ese nombre es el resultado de la combinación de Jesús, que quiere decir "salvador" y Cristo, que quiere decir "ungido".

"Cristo" es un título griego equivalente del término hebreo "Mesías". Ambas palabras se usaban para describir a una persona nombrada como líder por medio de un acto especial: echar aceite perfumado sobre su cabeza. Este aceite, también llamado "óleo" en textos tales como el Salmo 133, simbolizaba el derramamiento del Espíritu Santo de Dios sobre la persona nombrada como líder.

En tiempos del Antiguo Testamento se ungía con aceite tanto al Rey como al Sumo Sacerdote. Con el tiempo, el término "Mesías" se refirió al líder que Dios había de enviar para salvar a la humanidad. Escuchen la descripción que hace Isaías 42:1-4 del Mesías:

> *¡Aquí está mi siervo, mi escogido, en quien me complazco! Yo lo sostengo; sobre él reposa mi espíritu. Él traerá la justicia a las naciones. No gritará ni levantará la voz; no se hará oír en las calles. No hará pedazos la caña quebrada, ni apagará la mecha humeante. Traerá la justicia por medio de la verdad. No se cansará ni se fatigará hasta que haya establecido la justicia en la tierra; las costas esperarán sus enseñanzas.*

Por lo tanto, cuando la Iglesia habla de Jesucristo, afirma que es el ungido de Dios, escogido para salvar a la humanidad. Afirma la continuidad con las enseñanzas de los profetas de Israel y que las esperanzas de ese pueblo de cumplen en Jesús.

## HIJO DE DIOS Y SEÑOR

Jesús es el Cristo, el Mesías prometido a Israel. Empero, el Credo también lo llama "único Hijo" de Dios y "Señor". Nótese como el Credo recalca la relación extraordinaria entre Jesús y el Dios Padre cuando dice que es su "único" Hijo. Esta expresión se hace en un mundo donde la mayor parte de los reyes reclamaban ser "hijos de Dios" para legitimar su poder político y su posición social. Dicho de otro modo, en un mundo donde centenares o hasta miles reclamaban ser "hijos o hijas de Dios", el Credo dice que Jesús es el "único" hijo de Dios.

¿Qué lo hace único? Que Dios estaba presente de manera especial en Jesucristo, así que todo lo que hace el Hijo es reflejo del carácter y el poder del Padre. Esto lo vemos en Juan 8:19-23, que dice:

> *Entonces Jesús les dijo: De cierto, de cierto les digo: El Hijo no puede hacer nada por sí mismo, sino lo que ve que el Padre hace; porque todo lo que el Padre hace, eso mismo lo hace el Hijo. Y es que el Padre ama al Hijo, y le muestra todo lo que él hace; y mayores obras que éstas le mostrará, para el asombro de ustedes. Porque así como el Padre levanta a los muertos, y les da vida, así también el Hijo da vida a los que él quiere. Pues el Padre no juzga a nadie, sino que todo el juicio se lo ha dado al Hijo, para que todos honren al Hijo tal y como honran al Padre. El que no honra al Hijo, no honra al Padre que lo envió.*

Así llegamos a la declaración de que Jesús es "nuestro Señor". Recordemos que en el tiempo de Jesús este título tenía dos connotaciones importantes. Por un lado, los judíos lo usaban para hablar del Dios Padre, a quien llamaban "Señor" para evitar pronunciar su santo nombre. Por otro lado, era uno de los títulos usados por los gobernantes romanos, tales como

Julio Cesar. En el primer siglo, Calígula y Nerón reclamaron el título, hasta que a partir de Domiciano se vuelve común referirse al Príncipe romano como "mi señor y mi dios".

Queda claro, pues, que llamar a Jesús "Señor" era un acto polémico y hasta subversivo. Para los judíos decir que Jesús era igual a Dios era para los romanos un acto de rebelión en contra del Emperador.

## CONCLUSIÓN

Así llegamos a Hechos 2:36, texto que solo podemos comprender a plenitud después de esta larga introducción: Sépalo bien todo el pueblo de Israel, que a este Jesús, a quien ustedes crucificaron, Dios lo ha hecho Señor y Cristo.

> Señor, porque es "Dios con nosotros" actuando con poder.
> Señor, porque le debemos toda nuestra lealtad.
> Cristo, porque es el líder de nuestra salvación.
> Cristo, porque Dios ha derramado en él la plenitud del poder de su Santo Espíritu.

Al escuchar estas verdades hoy, debemos reaccionar en manera similar a la audiencia de Pedro en el día de Pentecostés. En respuesta a las enseñanzas del Apóstol, el pueblo mostró arrepentimiento sincero, preguntando: "Hermanos, ¿qué debemos hacer?" Hoy, casi 2,000 años después de aquel evento, la respuesta sigue siendo la misma:

> *Y Pedro les dijo: "Arrepiéntanse, y bautícense todos ustedes en el nombre de Jesucristo, para que sus pecados les sean perdonados. Entonces recibirán el don del Espíritu Santo. Porque la promesa es para ustedes y para sus hijos, para todos los que están lejos, y para todos aquellos a quienes el Señor nuestro Dios llame".* (Hch 2:28-39)

# 20 † Concebido del Espíritu Santo

- **Texto:** Mateo 1:18
- **Idea central:** Jesús es 100% Dios como 100% hombre.
- **Área:** Formación espiritual
- **Propósito:** Definir quién es Jesús.
- **Diseño:** Temático
- **Lógica:** Inductivo

### INTRODUCCIÓN

Corría el año 1971 cuando debutó la obra Jesus Christ, Superstar. Esta obra había comenzado como una ópera con música "Rock" en inglés, pero pronto fue adaptada tanto para el teatro musical como para el cine. El éxito de la obra fue tal que pronto fue traducida a otros idiomas, incluyendo el español.

La obra en español, llamada Jesucristo Súperstar, debutó en España el 1975 con Camilo Sesto en el papel de Jesús y Ángela Carrasco en el de María Magdalena. La historia es una versión libre de la vida de Jesús, con algunas referencias bíblicas. Empero, la misma contenía varios detalles que nada tienen que ver con la Biblia, como la fantasía de que Jesús tuvo un romance con María Magdalena.

En ese tiempo, yo era estudiante de escuela superior. Varias de mis amistades eran fanáticas de la obra, debido a que actualizaba la historia de Jesús. Por eso, aunque yo nunca le presté mucha atención, se me hizo imposible obviar la obra. Con el tiempo, he comprendido que fue precisamente en medio de la discusión que generó Jesus Christ Supertar que por primera vez pregunté quién era Jesús de Nazaret.

### DIOS, HOMBRE O CELEBRIDAD

"¿Quién es Jesús?", pregunté. Y como yo no tenía fe, la única respuesta posible es que Jesús era un hombre. Quizás un hombre bueno, un gran hombre o un hombre excepcional. Sin embargo, al final era otro hombre más.

Lo interesante es que siempre rechacé la premisa de la obra de Broadway sobre Jesucristo. Me parecía ridículo ver a Jesús como una celebridad; es decir, como uno de esos actores de películas de Hollywood por quienes tantas mujeres suspiraban. La imagen de Jesús como un "rompe corazones" lo convertía en otro galán de novelas más.

Tampoco me llamaba la atención la imagen de Jesús como un "hippie" parecido a los que pululaban por las playas de San Juan a finales de los sesenta, caminando en sandalias con ropa psicodélica mientras fumaban marihuana y hablaban de amor libre.

Y qué me dice de quienes presentaban a Jesús como un revolucionario; como un rebelde que se oponía a las estructuras políticas del capitalismo, predicando un mensaje similar al marxismo de nuestra época. Esa idea también me parecía ridícula, en parte debido a mi interés en las ciencias políticas.

Mi rechazo de la figura de Jesús fue tajante, lo que hace aún más inexplicable cómo llegué a confesar a Jesús como Señor y Salvador en el 1976. Mi fe en Jesús no se basó en argumentos humanos o en debates académicos. Llegué a la fe porque comprendí que Jesús vive; porque sentí su presencia tan cercana como la de cualquier otra persona. Creí en él sin comprender o explicar quién era. Creí en él porque su presencia era tan real en mi vida que no podía negar su existencia.

## EL CRISTO DE LA FE

Comencé a leer la Biblia tan pronto confesé a Jesús como Señor, y en menos de un año estaba leyendo libros de teología. Así llegué a comprender que la Iglesia ha batallado con la pregunta sobre la identidad de Jesús desde siempre y que batallará con esa pregunta hasta el fin de los tiempos.

Pronto comprendí que para algunos grupos religiosos, como para los musulmanes, Jesús era sólo un profeta. Es decir, un hombre bueno que hablaba en nombre de Dios. También comprendí que para otros grupos religiosos, como los Testigos de Jehová, Jesús era un hombre que había sido adoptado como hijo de Dios. Esta doctrina se conoce como el "adopcionismo", o el "ebionismo".

Esas visiones de Jesús que resaltan su humanidad se oponen a las que resaltan su divinidad. No podemos negar que mucha gente ve a Jesús principalmente como un dios o como una expresión divina. Por eso, llegan a afirmar que Jesús no tuvo un cuerpo humano como el nuestro, sino que solo parecía tener un cuerpo. Quienes proponen esta falsa doctrina, conocida como el "docetismo", entienden que Jesús fingía comer, dormir o descansar. Del mismo modo, piensan que Jesús no sufrió en la cruz, ya que el cuerpo que colgó de la cruz era una mera imagen, fantasía o reflejo de su cuerpo espiritual.

## CONCEBIDO Y NACIDO

La Iglesia antigua tuvo que lidiar tanto con estas falsas doctrinas como con los maestros que la enseñaban. Y una de las formas como batalló en contra del adopcionismo y del docetismo fue por medio del Credo de los Apóstoles.

El credo dice las siguientes palabras sobre Jesús de Nazaret:

> Y [creo] *en Jesucristo,*
> *Su único Hijo, Señor nuestro;*
> *Que fue concebido del Espíritu Santo,*
> *Nació de la virgen María,*

El Credo afirma una aparente contradicción: que Jesús fue concebido por obra del Espíritu Santo y que nació de la Virgen María. Es decir, el Credo afirma que Jesús es plenamente Dios, ya que fue engendrado por el Espíritu Santo, y plenamente ser humano, ya que nació de una mujer.

La base bíblica para estas ideas es amplia, tanto en los Evangelios como en la Epístola a los Hebreos. Baste por ahora leer un texto que las combina de manera tan sencilla como contundente: Mateo 1:18-25 (RVR 1960).

> *El nacimiento de Jesucristo fue así: Estando desposada María su madre con José, antes que se juntasen, se halló que había concebido del Espíritu Santo. José su marido, como era justo, y no quería infamarla, quiso dejarla secretamente. Y pensando él en esto, he aquí un ángel del Señor le apareció en sueños y le dijo: "José, hijo de David, no temas recibir a María tu mujer, porque lo que en ella es engendrado, del Espíritu Santo es. Y dará a luz un hijo, y llamarás su nombre JESÚS, porque él salvará a su pueblo de sus pecados". Todo esto aconteció para que se cumpliese lo dicho por el Señor por medio del profeta, cuando dijo: "He aquí, una virgen concebirá y dará a luz un hijo, Y llamarás su nombre Emanuel, que traducido es: Dios con nosotros". Y despertando José del sueño, hizo como el ángel del Señor le había mandado, y recibió a su mujer. Pero*

*no la conoció hasta que dio a luz a su hijo primogénito; y le puso por nombre JESÚS.*

Como vemos, el registro bíblico afirma que Jesús es 100% Dios como 100% hombre. ¿Por qué? Porque fue engendrado por Dios y parido por una mujer.

## CONCLUSIÓN

En conclusión, afirmamos que:

> Jesús no es un simple hombre.
> Jesús no fue un profeta adoptado por Dios a causa de su alto nivel espiritual.
> Tampoco es un fantasma que se hace pasar por hombre.
> Jesús no es un semidiós, como Aquiles en la literatura griega.
> Tampoco es medio hombre y medio dios.

Por el contrario, mis hermanas y mis hermanos, la Iglesia de Jesucristo afirma con toda claridad que Jesús es 100% hombre y 100% Dios. En términos técnicos, podemos decir que Jesucristo es el "theoanthropos", quien es plenamente humano y divino.

Otro Credo, el Niceno, lo expresa de la siguiente manera:

> [Creo en] *un solo Señor Jesucristo, Hijo Unigénito de Dios,*
>    *engendrado del Padre antes de todos los siglos,*
> *Dios de Dios,*
> *Luz de Luz,*
> *Verdadero Dios de Dios verdadero...*

Por todas estas razones, hoy afirmamos que Jesús es nuestro Señor y salvador.

# 21 † Padeció bajo el poder de Poncio Pilato

- **Texto:** Juan 19:1-3
- **Idea central:** La cruz es un evento histórico, es una realidad teológica que une al ser humano con Dios y es una denuncia en contra de todos los poderes que matan y deshumanizan al pueblo que sufre.
- **Área:** Formación espiritual
- **Propósito:** Recalcar la historicidad de la Cruz
- **Diseño:** Temático
- **Lógica:** Inductiva

## INTRODUCCIÓN

¿Qué hace diferente a la religión cristiana? ¿Qué distingue nuestra fe de todas las demás? La respuesta a esa pregunta es sencilla: Jesús de Nazaret. Es Jesús, por medio de su vida, sus enseñanzas y su muerte, quien le da su carácter distintivo a nuestra fe.

## CRISTO Y LAS RELIGIONES ANTIGUAS

Para nosotros que vivimos en un mundo donde el cristianismo es la religión dominante, esta expresión apenas tiene sentido. Sin embargo, cuando vemos esta afirmación en el contexto del mundo antiguo comprendemos su importancia.

Primero, las religiones primitivas eran "animistas"; es decir, adoraban elementos de la naturaleza como si fueran divinidades. Por ejemplo, podían adorar el sol, la luna y las estrellas, así como los montes y los ríos. La idea era que estos objetos inanimados tenían espíritus con los cuales los seres humanos podemos interactuar. Eso también explica el origen de las diosas de la luna y de los dioses del sol.

Segundo, encontramos los panteones de dioses cuyos orígenes se remontan a los principios del cosmos, que se casan entre sí y tienen hijos e hijas. Y aunque estas divinidades estaban asociadas a algunos ámbitos de la experiencia humana, como la medicina o la guerra, su divinidad dependía de ser hijos o hijas de este o aquel dios.

Tercero, en el mundo antiguo también se reconocían como divinidades a las familias reales de los distintos países. Entendían que los reyes, los faraones y los emperadores eran dioses o, por lo menos, hijos de divinidades. La idea de que las familias reales tenían origen divino legitimaba su gobierno y les daba poder ante toda la sociedad.

Como es evidente, ninguna de estas categorías se aplica a la persona histórica de Jesús de Nazaret. Jesús no era un dios tutelar de ríos o valles, como tampoco era hijo de un dios mitológico como Zeus o Apolos. Mucho menos era un rey terrenal buscando justificación para su gobierno injusto.

Como indicamos en nuestro sermón anterior, Jesús es un ser único en la historia. Es 100% hombre y es 100% Dios. Es verdadero Dios de Dios verdadero, engendrado por el Espíritu Santo, y nacido de una mujer. No es un mero hombre divinizado por ser bueno, ni un fantasma que caminaba por la tierra pretendiendo ser humano. Jesucristo es el rostro humano de Dios, enviado para salvar a la humanidad de su pecado y llevarla ante la presencia misma de Dios.

## LA HISTORICIDAD DE LA CRUZ

La prueba más clara, tanto del carácter como de la misión de Jesús, es precisamente su muerte en la cruz del Calvario. La cruz es un evento histórico, innegable, que ata de una vez y para siempre el ministerio de Jesús con el devenir humano.

El relato de la crucifixión de Jesús aparece en cada uno de los cuatro Evangelios. Podríamos leer cualquiera de estos relatos para recalcar la idea central de nuestro mensaje para hoy. Sin embargo, hemos escogido los primeros tres versículos del capítulo 19 del Evangelio según Juan para ilustrar la importancia de la muerte y pasión de Jesús. El texto dice:

> Así que, entonces tomó Pilato a Jesús, y le azotó. Y los soldados entretejieron una corona de espinas, y la pusieron sobre su cabeza, y le vistieron con un manto de púrpura; y le decían: ¡Salve, Rey de los judíos! y le daban de bofetadas.

Les pido que contrastemos este pasaje con la porción del Credo Apostólico que afirma que Jesús "padeció bajo el poder de Poncio Pilato". La pregunta que se impone en este punto es: ¿Por qué tanto el Credo como los Evangelios mencionan al hombre que ordenó el asesinato de Jesús?

La respuesta es evidente. En el mundo antiguo no se marcaban las fechas como lo hacemos hoy. En lugar de mencionar el año exacto en que algo había ocurrido, por ejemplo, el 1954, se mencionaba quién era el gobernante de la región. Por lo tanto, la referencia a Poncio Tiberio Pilato marca el tiempo cuando ocurrió la ejecución sumaria de Jesús. Es una referencia histórica, equivalente a hoy decir la fecha cuando ocurre un evento.

Ahora bien, la referencia a Pilato marca mucho más que eso. Es también una referencia al poder político y militar del Imperio Romano, que oprimía sin piedad a sus colonias y territorios. Jesús es condenado a muerte por la autoridad militar que le otorgaba al Imperio Romano su condición de metrópolis. Para decirlo con una frase moderna, es una referencia al imperialismo romano.

## LA CRUZ COMO PUENTE Y DENUNCIA

En términos históricos, Jesús es condenado a muerte porque el sistema político y militar de la época lo consideraba como un líder potencialmente peligroso. En lugar de escuchar su mensaje, el Imperio sencillamente decidió eliminarlo, con tal de perpetuarse en el poder. Como no entendieron que el reino de Dios no era de este mundo (Jn 18:36), procedieron a ejecutarlo sin razón.

De este modo, la muerte de Jesús no solamente es un medio que Dios utilizó para proveer salvación a la humanidad perdida. La cruz es mucho más que un puente que nos ayuda a negociar la distancia que el pecado ha establecido entre Dios y la humanidad. La cruz es también una denuncia contra todos los poderes políticos y militares que oprimen a la humanidad. La ejecución sumaria de Jesús pone al descubierto la falsedad de los sistemas de justicia humanos, que condenan al inocente y declaran justas las violaciones a los derechos de las personas más pobres y vulnerables de la sociedad.

Como vemos, la cruz no es un mero símbolo, Es un evento histórico. La cruz es una realidad teológica que une al ser humano con Dios y es una denuncia en contra de todos los poderes que matan y deshumanizan al pueblo que sufre.

## CONCLUSIÓN

A diferencia de otras religiones, que niegan la realidad humana, el cristianismo nace en medio del sufrimiento.

En Jesús no tenemos una divinidad lejana, que de manera arbitraria obligue a los seres humanos a rendirle pleitesía. Por el contrario, en la cruz vemos al Jesús que sufre, como sufre todo ser humano.

Empero, Jesús no sufre en vano. El sufrimiento de Jesús tiene propósitos divinos:

- Jesús sufre la muerte que busca acabar con todas las muertes.
- Jesús parece los sufrimientos que buscan acabar con todos los sufrimientos.
- Jesús experimenta no solamente los dolores de la humanidad, sino que lleva sobre sí mismo los padecimientos de la creación toda, para redimir nuestro sufrimiento y para redimir el mundo con él.

# 22 † Descendió a los infiernos

- **Texto:** 1 Pedro 3:17-22
- **Idea central:** La doctrina del descenso de Jesús a los infiernos recalca su victoria sobre las fuerzas del mal, del pecado y de la maldad.
- **Área:** Formación espiritual
- **Propósito:** Llamar al pueblo de Dios a vivir con esperanza.
- **Diseño:** Temático-Doctrinal
- **Lógica:** Inductiva

## INTRODUCCIÓN

La doctrina del descenso de Jesús a los infiernos es uno de los secretos mejor guardados de la teología bíblica. De hecho, he tenido diálogos y hasta debates con personas que niegan dicha doctrina. Algunos hasta han llegado a decirme que la misma no tiene base en las Sagradas Escrituras.

## LA EVIDENCIA

Empero, la evidencia bíblica sobre esta doctrina es clara. Hay tres pasajes bíblicos que afirman el impacto que tuvo la muerte y resurrección de Jesús, aún en esa parte del cosmos donde sufren las almas de las personas perdidas.

El primero se encuentra en Mateo 27:50-54 y describe la muerte de Jesús de la siguiente manera:

> Pero Jesús, después de clamar nuevamente a gran voz, entregó el espíritu. En ese momento el velo del templo se rasgó en dos, de arriba hacia abajo; la tierra tembló, las rocas se partieron, los sepulcros se abrieron, y muchos cuerpos de santos, que ya habían muerto, volvieron a vivir. Después de la resurrección de Jesús, éstos salieron de sus sepulcros y fueron a la santa ciudad, donde se aparecieron a muchos. Al ver el terremoto y las cosas que habían sucedido, el centurión y los que estaban con él custodiando a Jesús se llenaron de miedo, y dijeron: "¡En verdad, éste era Hijo de Dios!"

Este enigmático pasaje bíblico nos lleva a preguntar qué ocurrió cuando murió Jesús que motivara la aparición aún de personas muertas en la ciudad de Jerusalén. Encontramos una pista para la respuesta a esa pregunta en el segundo pasaje que nos ocupa. Me refiero a Efesios 4:7-9 que dice:

> Pero a cada uno de nosotros se nos ha dado la gracia conforme a la medida del don de Cristo. Por esto dice: "Subiendo a lo alto, llevó consigo a los cautivos, y dio dones a los hombres." Y al decir "subiendo", ¿qué quiere decir, sino que también primero había descendido a lo más profundo de la tierra?

La referencia a lo más profundo de la tierra parece ser una referencia al Seol, o a los infiernos; es decir, a ese espacio que la teología bíblica ve como el lugar de descanso o tortura para las almas de las personas fallecidas. Ahora bien, el texto que explica con más claridad esta doctrina se encuentra en 1 Pedro 3:17-22, que dice:

*Es mejor que ustedes sufran por hacer el bien, si Dios así lo quiere, que por hacer el mal. Porque también Cristo padeció una sola vez por los pecados, el justo por los injustos, para llevarnos a Dios. En el cuerpo, sufrió la muerte; pero en el espíritu fue vivificado; en el espíritu también, fue y predicó a los espíritus encarcelados, a los que en otro tiempo desobedecieron, en los días de Noé, cuando Dios esperaba con paciencia mientras se preparaba el arca, en la que unas cuantas personas, ocho en total, fueron salvadas por medio del agua. Todo esto es símbolo del bautismo (el cual no consiste en lavar las impurezas del cuerpo sino en el compromiso ante Dios de tener una buena conciencia) que ahora nos salva por la resurrección de Jesucristo, quien subió al cielo y está a la derecha de Dios, y a quien están sujetos los ángeles, las autoridades y las potestades.*

## EL SIGNIFICADO

Claro está mencionar, la evidencia bíblica que sostiene esta doctrina es solo una parte de la tarea. Una vez identificadas las bases bíblicas de esta idea, es crucial pasar a interpretar la misma. Debemos preguntar qué significa la doctrina del descenso de Jesús a los infiernos para la Iglesia hoy.

La respuesta tradicional a esta pregunta describe el descenso de Jesús a los infiernos como una tarea misionera cuyo objetivo principal fue predicar a las almas de las personas condenadas antes de la venida de nuestro Señor. Afirma que Jesucristo bajó a los infiernos para darle una oportunidad de salvación a todas las personas que habían fallecido antes de su venida.

Sin embargo, en esta hora deseo tomar otro camino. Creo que la doctrina del descenso a los infiernos recalca un aspecto importantísimo de la Cristología: la doctrina general sobre la persona y la obra de Jesucristo. La doctrina del descenso a los infiernos afirma que Jesús venció las fuerzas del mal, del pecado y de la muerte por medio de su pasión muerte y resurrección.

Comienzo indicando que hay por lo menos tres maneras tradicionales de interpretar la muerte de Jesús. La primera ve la muerte de Jesús como un acto de expiación por los pecados de la humanidad. Parte de la premisa es que la humanidad ha ofendido a Dios y que tiene una deuda por su pecado. Al morir en nuestro lugar, Jesús sufre nuestro castigo, saldando la deuda que teníamos con Dios. Esta teoría afirma que Dios no podía perdonar nuestros pecados en que me dieron castigo, ya que el amor de Dios no cancela la justicia de Dios. Está idea se conoce como la "teoría de la satisfacción", la doctrina de la "expiación sustitutiva" o de la "sustitución". En su expresión más sencilla, explica la muerte de Jesús en términos legales, argumentando que Jesús sufrió el castigo que ustedes y yo merecemos por nuestros pecados.

Otra manera de interpretar la obra de Cristo es recalcando su rol como maestro de la fe. De acuerdo esta visión, Jesús da el ejemplo moral perfecto que todo ser humano debe seguir. Esta interpretación recalca el amor de Dios sobre el juicio de Dios, viendo la cruz como la más grande lección del amor divino hacia la humanidad. Esta perspectiva se conoce como la teoría "subjetiva" o "moral", ya que recalca el efecto de las enseñanzas de Jesús y del ejemplo que nos legó a través de una vida de obediencia y fidelidad a Dios.

Ahora bien, la visión dominante en el Nuevo Testamento es que Jesús venció las fuerzas de la maldad, del pecado y de la muerte por medio de su muerte en la cruz. La obra de Cristo es vista, pues, como la liberación de la humanidad de la esclavitud al pecado y del sufrimiento que producen las consecuencias de dicho pecado.

La imagen del Cristo Vencedor domina el Nuevo Testamento. A manera de ejemplo, escuchemos las palabras de Apocalipsis 5:1-4:

> Vi entonces que el que estaba sentado en el trono tenía en la mano derecha un libro, el cual estaba escrito por dentro y por fuera. El libro estaba sellado con siete sellos. Vi también a un ángel poderoso, que a gran voz proclamaba: "¿Quién es digno de abrir el libro y de quitarle los sellos?" Pero no había nadie en el cielo, ni en la tierra ni debajo de la tierra, que pudiera abrir el libro, y ni siquiera mirarlo. Yo lloraba mucho al ver que no había nadie digno de abrir el libro, ni de leerlo, ni de mirarlo. Y uno de los ancianos me dijo: "No llores, pues el León de la tribu de Judá, la raíz de David, ha vencido y puede abrir el libro y quitarle sus siete sellos."

## CONCLUSIÓN

En conclusión, afirmamos que la Iglesia cree en la victoria de Dios, del bien y de la vida sobre las fuerzas de la maldad, del pecado y de la muerte. Creemos que la cruz de Jesús marca su victoria. Del mismo modo, creemos que por medio de la fe todo creyente participa de esa victoria.

En términos prácticos, la doctrina del descenso de Jesús a los infiernos nos da esperanza para vivir aquí y ahora, creyendo que ni la muerte, ni la vida, ni los ángeles, ni los principados, ni las potestades, ni lo presente, ni lo por venir, ni lo alto, ni lo profundo, ni ninguna otra cosa creada nos podrá separar del amor que Dios nos ha mostrado en Cristo Jesús nuestro Señor (Ro 8:38-39).

# 23 † Resucitó al tercer día

- **Texto:** 1 Corintios 15
- **Idea central:** Por medio de la fe, todos los creyentes participamos de la resurrección de Jesús
- **Área:** Formación espiritual
- **Propósito:** Afirmar la centralidad de la doctrina de la resurrección.
- **Diseño:** Expositivo
- **Lógica:** Inductiva

## INTRODUCCIÓN

Cuando nos enfrentamos al tema de la resurrección, estamos hablando del concepto central de nuestra fe. Es precisamente la resurrección de Jesús de Nazaret, efectuada por Dios en el poder del espíritu Santo, lo que valida nuestra fe, certificándola como una victoria sobre las fuerzas del mal, del pecado y de la muerte.

## EL SIGNIFICADO DE LA RESURRECCIÓN

La doctrina de la resurrección de Jesús de Nazaret es tan importante que el apóstol Pablo afirma que si Jesucristo no resucitó, nuestra fe no tiene sentido. Esto lo vemos en 1 Corintios 15:13-17, que dice:

> *Porque, si los muertos no resucitan, tampoco Cristo resucitó. Y si Cristo no resucitó, nuestra predicación no tiene sentido, y tampoco tiene sentido la fe de ustedes. Entonces resultaríamos testigos falsos de Dios por haber testificado que Dios resucitó a Cristo, lo cual no habría sucedido... ¡si es que en verdad los muertos no resucitan! Porque, si los muertos no resucitan, tampoco Cristo resucitó; y si Cristo no resucitó, la fe de ustedes no tiene sentido, y ustedes todavía están en sus pecados.*

Pablo llega al punto de decir que si la resurrección de Jesús fuera falsa nosotros seríamos los más desdichados de todos los hombres (v. 19). Esto nos lleva a preguntar qué es la resurrección.

Para contestar esta pregunta, debemos tener claro que la resurrección fue un fenómeno muy distinto a los procedimientos médicos modernos donde un grupo de profesionales de la salud traen de vuelta a la vida a una persona cuyo corazón ha dejado de latir. En esos casos, la persona enferma sigue siendo ella misma y continúa viviendo en su propio cuerpo.

Por el contrario, la resurrección de los muertos de la que habla el Apóstol Pablo en 1 Corintios 15 implica una transformación espiritual. Esto lo vemos en los versículos 49-53:

> *No todos los cuerpos son iguales, sino que uno es el cuerpo de los hombres, y otro muy distinto el de los animales, otro el de los peces, y otro el de las aves. También hay cuerpos celestiales, y cuerpos terrenales; pero la gloria de los celestiales es una, y la de los terrenales es otra. Uno es el esplendor del sol, otro el de la luna, y otro el de las estrellas, pues una estrella es diferente de otra en su magnificencia. Así será también en la resurrección de los muertos: Lo que se siembra en corrupción, resucitará en incorrupción; lo que se siembra en deshonra, resucitará en gloria; lo que se siembra en debilidad, resucitará en poder.*

Así como Jesucristo resucitó, las personas de fe también resucitaremos, de acuerdo a 1 Corintios 15:51-53, que dice:

> Presten atención, que les voy a contar un misterio: No todos moriremos, pero todos seremos transformados en un instante, en un abrir y cerrar de ojos, cuando suene la trompeta final. Pues la trompeta sonará, y los muertos serán resucitados incorruptibles, y nosotros seremos transformados. Porque es necesario que lo corruptible se vista de incorrupción, y lo mortal se vista de inmortalidad.

Al participar de la resurrección, toda persona creyente participa de la victoria de Jesucristo sobre las fuerzas del mal, del pecado y de la muerte. Esa participación comienza aquí y ahora, lo que permite que el creyente viva libre de temores. Lo que es más, hasta podemos irrumpir en alabanzas a Dios, celebrando que la muerte ya no tiene poder sobre nosotros. Esto lo vemos en los versículos 54-57, que dicen:

> Y cuando esto, que es corruptible, se haya vestido de incorrupción, y esto, que es mortal, se haya vestido de inmortalidad, entonces se cumplirá la palabra escrita: "Devorada será la muerte por la victoria". Dónde está, oh muerte, tu aguijón? ¿Dónde, oh sepulcro, tu victoria? Porque el pecado es el aguijón de la muerte, y la ley es la que da poder al pecado. ¡Pero gracias sean dadas a Dios, de que nos da la victoria por medio de nuestro Señor Jesucristo!

La Iglesia celebra la resurrección de Jesús de Nazaret tanto el domingo de Pascua de Resurrección como en la temporada de Resurrección, que se extiende hasta el Día de Pentecostés. Más importante aún, la Iglesia celebra la resurrección de Jesús todos los días porque nuestro anhelo es vivir en el poder de la resurrección por siempre jamás.

## LA CENTRALIDAD DE LA RESURRECCIÓN

La misma estructura literaria del Credo recalca la centralidad de la doctrina de la resurrección. Noten que en la siguiente porción del credo hay siete frases de las cuales la resurrección es la cuarta, por lo tanto, la que está en el medio de las siete:

1. Padeció bajo el poder de Poncio Pilatos;
2. Fue crucificado, muerto y sepultado;
3. Descendió a los infiernos;
4. Al tercer día resucitó de entre los muertos;
5. Subió al cielo,
6. Y está sentado a la diestra de Dios Padre Todopoderoso;
7. Y desde allí vendrá al fin del mundo a juzgar a los vivos y a los muertos.

Como podemos ver, en el Credo hay un doble movimiento. Por un lado, hay un movimiento descendente que nos habla de la pasión de Jesús, de su muerte en la cruz y de su descenso a los infiernos. Entonces llegamos al milagro de la resurrección. A partir de la resurrección encontramos un cambio en ese movimiento. Lo que antes descendía, ahora asciende. Por eso, después de proclamar la resurrección, el Credo habla de la ascensión de Jesús a los cielos y de su poder para juzgar a vivos y muertos.

Para decirlo de una manera más sencilla, la doctrina sobre nuestro señor Jesucristo tanto en el Credo como en los Evangelios tiene una triple estructura. Podemos resumirla en tres frases:

    Cristo vino
        Cristo resucitó
            Cristo volverá

## CONCLUSIÓN

Esta es la base de nuestra esperanza cristiana. Creemos que Cristo Jesús resucitó, venciendo el poder de la muerte. Y creemos que su victoria es nuestra. Y si la victoria ya es nuestra, lo único que resta es ver el futuro con esperanza, en el nombre de Jesús. AMÉN

# 24 † Subió a los cielos

- **Texto:** Hechos 1:10-11
- **Idea central:** La ascensión de Jesús celebra su victoria sobre las fuerzas del mal, del pecado y de la muerte.
- **Área:** Formación espiritual
- **Propósito:** Explicar los alcances de la doctrina de la ascensión de Jesús.
- **Diseño:** Expositivo
- **Lógica:** Inductiva

## INTRODUCCIÓN

Durante las pasadas semanas hemos estado considerando las secciones del Credo Apostólico que tratan sobre la pasión, muerte y resurrección de Jesús de Nazaret.

## LA TEOLOGÍA DE LA CRUZ

Como protestantes, nos concentramos en la Teología de la Cruz. Nuestra teología es cristo-céntrica, y nuestro foco es la obra salvífica de Jesucristo, cuyo punto alto es su sacrificio en la cruz. Afirmamos que la muerte de Jesús tuvo un propósito claro: liberar a toda la humanidad del poder y de las consecuencias del pecado, de manera que todo hombre y toda mujer pueda acceder a la vida abundante que promete nuestro Señor.

Martín Lutero, el reformador alemán, recalcó la importancia de la teología de la cruz. Lutero afirmaba que a Dios se le conoce allí donde ha decidido revelarse, no en discurso filosófico ni en la especulación metafísica. Por eso, podemos conocer mejor a Dios a través de la debilidad y la locura de la cruz de Jesús. Las bases bíblicas de la perspectiva luterana son claras, como podemos ver en 1 Corintios 1:18-25:

> El mensaje de la cruz es ciertamente una locura para los que se pierden, pero para los que se salvan, es decir, para nosotros, es poder de Dios. Pues está escrito: "Destruiré la sabiduría de los sabios, y desecharé la inteligencia de los inteligentes." ¿Dónde está el sabio? ¿Dónde está el escriba? ¿Dónde está el que escudriña estos tiempos? ¿Acaso no ha hecho Dios enloquecer a la sabiduría de este mundo? Porque Dios no permitió que el mundo lo conociera mediante la sabiduría, sino que dispuso salvar a los creyentes por la locura de la predicación. Los judíos piden señales, y los griegos van tras la sabiduría, pero nosotros predicamos a Cristo crucificado, que para los judíos es" "ciertamente un tropezadero, y para los no judíos una locura, pero para los llamados, tanto judíos como griegos, Cristo es poder de Dios, y sabiduría de Dios. Porque lo insensato de Dios es más sabio que los hombres, y lo débil de Dios es más fuerte que los hombres.

## LA ASCENSIÓN EN GLORIA

Ahora bien, nuestro foco en la cruz de Jesús no evita que prestemos atención a otros elementos de la obra de Cristo. Por eso, les pido que tornen su mirada a doctrina que habla sobre la ascensión en gloria de Jesús a los cielos.

Las bases bíblicas de esta perspectiva también son sólidas. La encontramos en el primer capítulo del libro Hechos de los Apóstoles. El libro comienza afirmando que inmediatamente después de la crucifixión de Jesús sus discípulos comenzaron a tener experiencias espirituales extraordinarias. En particular, sentían la presencia de Jesús en sus medios. Por cuarenta días, Jesús se les "presentó vivo" con pruebas irrefutables (v. 3). Fue entonces que les ordenó permanecer en Jerusalén hasta que fueran "sellados con la promesa" (v. 4, cf. Lc 24:49); es decir, hasta que fueran bautizados con el Espíritu Santo (v. 5).

Es en ese contexto que los discípulos de Jesús hacen una pregunta ciertamente atrevida: "Señor, ¿vas a devolverle a Israel el reino en este tiempo?" (v. 6). Esto demuestra que muchos todavía esperaban que Jesús estableciera un reino terrenal que liberara al pueblo judío del yugo imperial romano. En respuesta, el Maestro les dice:

> *No les toca a ustedes saber el tiempo ni el momento, que son del dominio del Padre. Pero cuando venga sobre ustedes el Espíritu Santo recibirán poder, y serán mis testigos en Jerusalén, en Judea, en Samaria, y hasta lo último de la tierra.* (Hch 1:7-8)

En este corto pasaje bíblico encontramos dos enseñanzas cruciales. La primera es que los creyentes no debemos invertir nuestro tiempo en la especulación metafísica, sino que debemos concentrar nuestros esfuerzos en la evangelización. La segunda es que nuestros esfuerzos misioneros deben comenzar con la comunidad que nos rodea. Es desde ahí que podemos extender nuestros esfuerzos evangelísticos para llegar "hasta lo último de la tierra". Esta segunda lección es tan importante que el libro de Hechos está organizado siguiendo este principio, pues vemos como la comunidad cristiana primitiva comienza con un grupo pequeño en Jerusalén, pero al final del libro llega hasta Roma, la capital del Imperio desde la cual se podían alcanzar los confines de la tierra. Hechos continúa diciendo:

> Después de haber dicho esto, ellos lo vieron elevarse y ser recibido por una nube, que lo ocultó de sus ojos. Mientras miraban al cielo y veían cómo él se alejaba, dos varones vestidos de blanco se pusieron junto a ellos y les dijeron: "Varones galileos, ¿por qué están mirando al cielo? Este mismo Jesús, que ustedes han visto irse al cielo, vendrá de la misma manera que lo vieron desaparecer." (Hch 1:9-11)

Esta enseñanza es congruente con Lucas 24:50-51, que dice: Luego [Jesús] los llevó de allí a Betania, y levantando sus manos los bendijo. Pero sucedió que, mientras los bendecía, se apartó de ellos y fue llevado a las alturas del cielo.

### JESÚS EN GLORIA

La doctrina de la ascensión tiene varias implicaciones importantísimas para la fe cristiana. Entre todas ellas, permítanme destacar tres.

La primera es que, gracias a su ascensión en gloria, Jesús está sentado ahora a la "diestra", es decir, a la mano "derecha" de Dios. Esta enseñanza es tan importante que cerca de 20 veces en el Nuevo Testamento, en textos tales como Mateo 26:64, Marcos 16:19, Lucas 22:69, Hechos 7:55-56, Romanos 8:34, Efesios 1:20, Colosenses 3, Hebreos 1:3 y 1 Pedro 3:22. Desde ese puesto de honor, Jesús ejerce su doble rol como abogado de la humanidad ante Dios (1 Jn 2:1) y como juez de vivos y muertos.

En segundo lugar, la doctrina de la ascensión implica que el milagro de la encarnación no ha terminado. Es decir, Jesús no dejó de ser humano cuando murió en la cruz, sino que por medio de la resurrección continúa siendo el

"Dios-ser humano" allí, a la diestra del Dios Padre. Esto lo vemos claramente en Hebreos 2:14-18, que dice:

> Así como los hijos eran de carne y hueso, también él era de carne y hueso, para que por medio de la muerte destruyera al que tenía el dominio sobre la muerte, es decir, al diablo, y de esa manera librara a todos los que, por temor a la muerte, toda su vida habían estado sometidos a esclavitud. Ciertamente él no vino para ayudar a los ángeles, sino "a los descendientes de Abrahán. Por eso le era necesario ser semejante a sus hermanos en todo: para que llegara a ser un sumo sacerdote misericordioso y fiel en lo que a Dios se refiere, y expiara los "pecados del pueblo. Puesto que él mismo sufrió la tentación, es poderoso para ayudar a los que son tentados.

En tercer lugar, la ascensión de Jesús posibilita la plena manifestación del Espíritu Santo entre nosotros. ¿Por qué? Porque Jesús dijo lo siguiente en Juan 16:7: "Pero les digo la verdad: les conviene que yo me vaya; porque si no me voy, el Consolador no vendrá a ustedes; pero si me voy, yo se lo enviaré."

## CONCLUSIÓN

La ascensión de Jesús es importantísima, ya que completa el modelo salvífico del cual hablamos anteriormente en nuestro sermón sobre la resurrección. Aquel que bajó de los cielos y se hizo ser humano; aquel que vivió en nuestro mundo y padeció en la cruz; es el mismo que venció la muerte, resucitando de los muertos y subiendo a los cielos.

Por eso, la ascensión de Jesús celebra su victoria de las fuerzas de la vida sobre las fuerzas del mal, del pecado y de la muerte. Celebremos, pues, la victoria de Jesús, quien ascendió a los cielos desde donde intercede por nosotros por la eternidad.

# 25 † Juzgará a vivos y a muertos

- **Texto:** Mateo 25:31-40
- **Idea central:** Jesucristo juzgará al mundo con justicia.
- **Área:** Formación espiritual
- **Propósito:** Recalcar la importancia de la justicia divina.
- **Diseño:** Temático
- **Lógica:** Inductiva

## INTRODUCCIÓN

El tema de la justicia divina arranca las pasiones más diversas en la gente. Para algunas personas, el juicio de Dios es un punto central de la doctrina cristiana que debe ser recalcado continuamente. Para otras personas, el juicio de Dios es una retranca que ha sido usada atemorizar a la gente.

Lo triste del caso es que ambas opiniones tienen algo de razón. No podemos negar que, en el pasado muchos predicadores abusaron del tema, al punto que la gente decía que sus sermones olían a "fuego y azufre". Sin embargo, tampoco podemos negar que la justicia divina es un tema importantísimo en la Biblia, que no podemos menospreciar.

## LA DEFINICIÓN DE JUSTICIA

Sugiero, pues, que comencemos nuestra meditación explorando el significado de conceptos claves para la consideración del tema, tales como juicio y justicia.

El diccionario de la Real Academia Española ofrece varias definiciones del concepto "justicia". La más sencilla define justicia como "aquello que debe hacerse según derecho o razón". Sin embargo, el diccionario nos sorprende cuando ofrece una definición de la justicia divina como un "atributo de Dios por el cual ordena todas las cosas en número, peso o medida. Ordinariamente se entiende por la divina disposición con que castiga o premia, según merece cada uno."

Del mismo modo, el diccionario define "juicio" como la "facultad del alma, por la que el hombre [sic] puede distinguir el bien del mal y lo verdadero de lo falso". La RAE también ofrece una definición del "juicio universal" como "el que ha de hacer Jesucristo de todos los hombres [sic] en el fin del mundo, para dar a cada uno el premio o castigo de sus obras".

Desde el punto de vista de la fe, Justo L. González define el concepto "justicia" como "un atributo de Dios que ha de reflejarse en toda la creación", afirmando que "decir que Dios es 'justo' no quiere decir solamente que practique la equidad, sino también que es confiable y recto, y que requiere de los humanos una rectitud y confiabilidad paralelas."[1]

Esto quiere decir que Dios exige justicia de nosotros porque Dios es justo en sí mismo. Dado que la justicia es parte de su propia personalidad, Dios requiere que los seres humanos actuemos con justicia en todas nuestras relaciones.

---

[1] Justo L. González, *Diccionario Manual Teológico*, Editorial CLIE, Barcelona, 2010, p. 160.

González también ofrece una definición del concepto "juicio" como una dimensión del amor de Dios. Ese juicio comienza aquí y ahora, buscando justicia para las víctimas y la conversión del victimario. La teología cristiana afirma que habrá un juicio final, asociado a la Segunda venida de Jesucristo.

## JUZGARÁ A LA HUMANIDAD

Este es, precisamente, el punto que hace el Credo Apostólico. En nuestro sermón anterior consideramos que Jesús subió al cielo, y está sentado a la diestra de Dios Padre Todopoderoso. Esa frase conduce directamente a la que consideramos hoy: Y desde allí vendrá al fin del mundo a juzgar a los vivos y a los muertos.

Jesús, como príncipe del universo, también es juez sobre todo lo creado. Parte de la obra de Cristo es juzgar al mundo con justicia y a la humanidad con rectitud.

Yo sé muy bien que esta idea es ofensiva para muchas personas, que ven el juicio de Dios como algo incompatible con el amor de Dios. Empero, como decíamos arriba, en realidad el juicio de Dios es una dimensión del amor de Dios. ¿Por qué Jesús actúa como juez?

En primer lugar, Jesús juzga el mundo por amor a las víctimas de la maldad, del pecado y de la muerte. Jesús confronta a los victimarios que abusan de las personas más débiles porque desea salvar, bendecir y edificar a quienes han sufrido injustamente.

En segundo lugar, Jesús juzga el mundo por amor a quienes, cegados por la maldad, se dedican a hacerle daño a los demás. Jesús los confronta para que puedan abandonar los caminos del mal, de manera que puedan transitar por caminos de paz y justicia. El verdadero amor llama a la justicia, pues el libertinaje conduce a la destrucción.

Quizás podamos comprender mejor este punto si lo comparamos con nuestro sistema de justicia. ¿Cómo se sentiría usted si su vecino comete un crimen en su contra y el sistema de justicia criminal no hace caso a sus reclamos? ¿Dónde estaría la justicia si la policía se negara a protegerle de los golpes o a reclamar su propiedad robada? Del mismo modo, podemos preguntar dónde estaría la justicia si Dios permitiera que los abusadores gozaran de las bendiciones de su Reino sin reclamar el daño hecho a las personas más débiles y vulnerables de nuestra sociedad.

## LA REALIDAD DEL JUICIO

Esto nos lleva a afirmar la realidad del juicio divino. Una de las imágenes más claras del juicio se encuentra en Mateo 25, del versículo 31 al 40, que dice:

> Cuando el Hijo del Hombre venga en su gloria, y todos los santos ángeles con él, se sentará en su trono de gloria, y todas las naciones serán reunidas ante él. Entonces él apartará a los unos de los otros, como aparta el pastor a las ovejas de los cabritos. Pondrá las ovejas a su derecha, y los cabritos a su izquierda, y entonces el Rey dirá a los de su derecha: "Vengan, benditos de mi Padre, y hereden el reino preparado para ustedes desde la fundación del mundo. Porque tuve hambre, y ustedes me dieron de comer; tuve sed, y me dieron de beber; fui forastero, y me recibieron; estuve desnudo, y me cubrieron; estuve enfermo, y me visitaron; estuve en la cárcel, y vinieron a visitarme." Entonces los justos le preguntarán: "Señor, ¿cuándo te vimos con hambre, y te dimos de comer; o con sed, y te dimos de beber? ¿Y cuándo te vimos forastero, y te recibimos; o desnudo, y te cubrimos? ¿Cuándo te vimos enfermo, o en la cárcel, y te visitamos?" Y el Rey les responderá: "De cierto les digo que todo lo que hicieron por uno de mis hermanos más pequeños, por mí lo hicieron."

Claro está que este texto continúa con el juicio de aquellos que actuaron de manera injusta, quienes son condenados al fuego eterno (v. 41). Nótese, pues, la sutileza del juicio divino.

De acuerdo a este pasaje bíblico, el juicio de Dios es algo que ocurre todos los días, a medida que transitamos por la vida. Los seres humanos nos salvamos o nos condenamos de acuerdo a la forma como respondemos a los retos y desafíos que encontramos en la vida diaria. Cada vez que alguien se acerca a nosotros con gran necesidad, tenemos la oportunidad de bendecirle o de maldecirle. Si le bendecimos, Dios ha de bendecirnos a nosotros. Empero, si le maldecimos, esa maldición caerá sobre nuestra cabeza, destruyendo nuestra relación con Dios.

## CONCLUSIÓN

Ese juicio de Dios, que ya comenzó, culminará cuando Cristo Jesús vuelva en gloria. Apocalipsis 19:11 al 16 describe su venida de la siguiente manera:

> *Entonces vi que el cielo se había abierto, y que allí aparecía un caballo blanco. El nombre del que lo montaba es Fiel y Verdadero, el que juzga y pelea con justicia. Sus ojos parecían dos llamas de fuego, y en su cabeza había muchas diademas, y tenía inscrito un nombre que sólo él conocía. La ropa que vestía estaba teñida de sangre, y su nombre es: "El verbo de Dios." Iba seguido de los ejércitos celestiales, que montaban caballos blancos y vestían lino finísimo, blanco y limpio. De su boca salía una espada afilada, para herir con ella a las naciones. Él las gobernará con cetro de hierro; y pisará el lagar del ardiente vino de la ira del Dios Todopoderoso. En su manto y en su muslo lleva inscrito este nombre: "Rey de reyes y Señor de señores."*

Ese que viene a juzgar al mundo con justicia, es Cristo Jesús, Señor nuestro. Preparémonos, pues, para el encuentro con Dios.

# 26 † Creo en el Espíritu Santo

- **Texto:** Juan 14:25-26
- **Idea central:** Hay una profunda unidad entre Cristo Jesús y el Espíritu Santo, de manera que uno no puede tener comunión con uno sin tener comunión con el otro.
- **Área:** Formación espiritual
- **Propósito:** Afirmar las enseñanzas bíblicas sobre el Espíritu Santo.
- **Diseño:** Temático
- **Lógica:** Inductiva

## INTRODUCCIÓN

"Creo en el Espíritu Santo" dice el tercer artículo del Credo Apostólico. A diferencia del artículo sobre Dios y sobre Jesucristo, el artículo sobre el Espíritu Santo es muy breve. En lugar de entrar en consideraciones históricas y doctrinales, como los dos artículos anteriores, este sencillamente expresa fe en el Espíritu Santo y da paso a otros temas importantes para la vida de la Iglesia.

Y esto es similar a lo que ocurre en la iglesia, donde acostumbramos a mencionar al Espíritu Santo, reclamando su autoridad y su poder, sin hacer una reflexión profunda sobre la naturaleza o la obra del Espíritu. En esta ocasión deseamos corregir esa falla en nuestra vida de fe, pasando a considerar lo que nos dicen la Biblia y la teología sobre la tercera persona de la Trinidad.

## ASPECTOS BÍBLICOS GENERALES

El Espíritu Santo se menciona desde la primera página de las Sagradas Escrituras hasta la última. Lo encontramos por primera vez en Génesis 1.2, que dice: La tierra estaba desordenada y vacía, las tinieblas cubrían la faz del abismo, y el espíritu de Dios se movía sobre la superficie de las aguas. También lo encontramos en Apocalipsis 22:17, donde "el Espíritu y la Esposa" claman por el pronto regreso del Señor Jesucristo.

El Antiguo Testamento menciona al Espíritu Santo, también conocido como el Espíritu del Señor, en cerca de 100 ocasiones. La palabra que se traduce como "espíritu" al español es el hebreo ruach, término que quiere decir aire, aliento o viento. Aparte de su uso literal, ruach describe la fuerza vital o el poder que da aliento a un ser humano. Tanto el ser humano como Dios tienen "espíritu", es decir, tienen esa fuerza de vida.

El Espíritu de Dios es pues la fuerza divina que da vida y poder a la humanidad. Es un poder carismático que viene al ser humano en momentos de crisis y le capacita para hacer grandes actos de fe en el nombre del Señor. Todo el Antiguo Testamento, desde las porciones narrativas del libro de Jueces hasta las profecías de Ezequiel, describe como el Espíritu Santo capacita y da poder al pueblo de Dios en momentos decisivos.

En el Nuevo Testamento encontramos una visión similar del Espíritu Santo. El ministerio de Jesús no es sólo uno de enseñanza, sino también en demostraciones de poder. Jesús sana enfermos, echa fuera demonios y hasta domina la naturaleza. Y todo eso lo hace en el poder del Espíritu Santo.

Esta visión continúa en el libro de Hechos de los Apóstoles, donde a cada paso encontramos demostraciones de poder. Allí el Espíritu Santo capacita a la comunidad cristiana para enfrentar a las personas que se oponen a la propagación del mensaje cristiano.

## ESPÍRITU DE DIOS, ESPÍRITU DE CRISTO

Por su parte, el apóstol Pablo refina la doctrina bíblica sobre el Espíritu Santo, recalcando su unidad con Jesucristo. Para decirlo de manera resumida, para Pablo el Espíritu Santo es el Espíritu de Cristo, como afirma en Romanos 8:9 (compare con Gl 4:6 y Fil 1:19).

La unidad entre el Espíritu Santo y Jesucristo es tan profunda que uno no puede tener acceso al uno sin el otro. Esto lo vemos con claridad en 1 Corintios 12:3, que dice:

> *Por tanto, quiero que sepan que nadie que hable por el Espíritu de Dios puede maldecir a Jesús; y que nadie puede llamar "Señor" a Jesús, si no es por el Espíritu Santo.*

Pablo también afirma que el Espíritu Santo ejerce un ministerio pastoral para con el pueblo de Dios. Esto lo vemos en Romanos 8:26, que enseña lo siguiente:

> *Igual manera, el Espíritu nos ayuda en nuestra debilidad, pues no sabemos qué nos conviene pedir, pero el Espíritu mismo intercede por nosotros con gemidos indecibles.*

Por todas estas razones, para Pablo "estar en Cristo" y "vivir en el Espíritu" son una y la misma cosa. Sólo podemos estar en comunión con Dios, por medio de la obra de

Cristo y de la intercesión del Espíritu Santo. Y como el Espíritu Santo nos lleva a la acción, la persona que desea "vivir" en el Espíritu también debe "andar" en el Espíritu, como afirma Gálatas 5:25. Esto quiere decir que los creyentes debemos buscar la santidad, viviendo de manera agradable a Dios y tratando de edificar a los demás.

## EL ESPÍRITU CONSOLADOR

Aunque la visión Paulina sobre el Espíritu Santo es mucho más profunda, pasemos a considerar algunas de las enseñanzas del Evangelio y las Epístolas de Juan sobre el tema. Al igual que Pablo, Juan recalca la unidad entre el Espíritu Santo y Jesucristo. Volvamos a los versículos que sirven de base a nuestra reflexión, Juan 14:25-26:

> Les he dicho estas cosas mientras estoy con ustedes. Pero el Espíritu Santo, a quien el Padre enviará en mi nombre, los consolará y les enseñará todas las cosas, y les recordará todo lo que yo les he dicho.

Una palabra clave para comprender las enseñanzas de Juan sobre el Espíritu Santo es el término "consolador". Esta es la traducción del vocablo griego *parakletós*, que literalmente significa "aquella persona llamada a estar a mi lado" y que, por lo tanto, puede traducirse de diversas maneras de acuerdo al contexto en el que se use. Puede traducirse como abogado, ayudante y consolador, entre otras opciones.

En Juan 14:16, Jesús se refiere al Espíritu Santo como el "otro consolador", que enviará a acompañar pastoralmente a la Iglesia después de su pasión, muerte y resurrección. Dios enviará el Espíritu Santo "en el nombre de Jesús" (14:26) para que eduque y consuele a la Iglesia, facilitando que pueda comprender las enseñanzas de Jesús.

Además, el Espíritu Santo jugará un papel central en la evangelización, ya que es el Espíritu quien "convencerá al mundo de pecado, de justicia y de juicio" (16:7), facilitando la conversión de quienes escuchen el mensaje cristiano. Es más, el Espíritu Santo es el Espíritu de la verdad (16:13) porque conduce al pueblo de Dios a "toda verdad"; es decir, a comprender las enseñanzas de Jesucristo.

## CONCLUSIÓN

Aunque he tratado de esbozar algunas de las enseñanzas principales de la Biblia sobre el Espíritu Santo, debo reconocer que mi meditación se queda corta. Quedan en el tintero otros aspectos importantísimos de la obra del Espíritu Santo, tales como la inspiración de la profecía y de las enseñanzas bíblicas; la labor de abogacía que hace en favor de los creyentes en momentos de peligro; y el consuelo que trae al corazón de las personas perseguidas por perseverar en la verdad.

No obstante, deseo recalcar la idea central de mi presentación: el Espíritu de Dios es el Espíritu de Jesucristo. Hay una profunda unidad entre Cristo Jesús y el Espíritu Santo, de manera que uno no puede tener comunión con uno sin tener comunión con el otro. Recordemos que Jesús ha actuado, actúa y siempre actuará en conjunto con la obra del Espíritu Santo. Es en el poder del Espíritu Santo que Jesucristo salva, sana y bautiza. Y es en el poder del Espíritu Santo que Jesucristo volverá.

Demos gracias a Dios, por haber enviado el Espíritu Santo, en el nombre de Jesús. AMÉN

# 27 † Creo en la Iglesia

- **Texto:** Mateo 16:18
- **Idea central:** La confesión de fe en Jesús como el Mesías enviado por Dios para salvar a la humanidad es la "roca" sobre la cual está edificada la Iglesia.
- **Área:** Formación espiritual
- **Propósito:** Explorar el significado de la frase "creo en la Iglesia"
- **Diseño:** Temático
- **Lógica:** Inductiva

## INTRODUCCIÓN

El Credo de los Apóstoles dice: "Creo...en la Santa Iglesia Universal y en la comunión de los santos". Esta es una declaración importante, pero al mismo tiempo potencialmente conflictiva para la comunidad cristiana hoy.

## ¿QUÉ SIGNIFICA "CREER EN LA IGLESIA"?

El primer punto de conflicto es qué significa "creer" cuando hablamos de la Iglesia. ¿Por qué? Porque creer en la Iglesia no es lo mismo que creer en Dios, en Jesucristo y en el Espíritu Santo. Aunque es el mismo verbo, el significado es muy distinto.

Creer en Dios implica que Dios es el objeto de nuestra fe. Por eso, creer en Dios produce en el creyente el tipo de fe y confianza que conduce a la salvación. La persona que tiene una relación con Dios, por medio de Jesucristo, en el poder del Espíritu Santo, puede confiar en que recibirá la salvación prometida por su Señor. Esta es la fe definitiva, que nos lleva a transformar nuestras vidas, en el nombre de Jesucristo.

Sin embargo, la Iglesia no es el objeto de nuestra fe. Para decirlo con más claridad, la Iglesia no salva, quien salva es Dios. Por lo tanto, cuando decimos "creo en la Iglesia" estamos afirmando que la Iglesia es la comunidad de personas que desean ser fieles a Dios y que buscan establecer esa relación de fe definitiva por medio de Jesucristo. Como comunidad de fe, la Iglesia se reúne:

- Para adorar a Dios,
- Para enseñar la fe,
- Para compartir experiencias de fe,
- Para invitar a otras personas a buscar de Dios,
- Para ofrecer cuidado pastoral a las personas que buscan de Dios,
- Para interceder por las personas que no tienen fe.
- Y para denunciar las estructuras de pecado que matan y oprimen al pueblo, particularmente a las personas más débiles y vulnerables de la sociedad.

Cuando decimos, pues, "creo en la Iglesia" estamos afirmando que creemos en la Iglesia como comunidad de fe que intenta ser reflejo de los valores y las prácticas del Reino de Dios. Para usar la frase feliz de Carlos René Padilla, creemos en la Iglesia como "avanzada y señal del Reino de Dios".

## LAS DIVERSAS MANIFESTACIONES DE LA IGLESIA

La segunda pregunta que se impone es: ¿A qué nos referimos cuando hablamos de la "Iglesia"? Este es un punto muy importante, dado que las personas de fe usamos la palabra "Iglesia" para referirnos a toda una serie de grupos cristianos.

En primer lugar, usamos la palabra "Iglesia" para referirnos a la congregación a la cual asistimos regularmente y de la que formamos parte. En ocasiones, nos referimos a esta comunidad como "la Iglesia local". Esta es la comunidad de fe que consideramos "nuestra" y de la cual nos consideramos parte. Esta es la comunidad que llamamos "mi Iglesia". En ella se forjan relaciones interpersonales muy profundas, llenas de significado. Tanto es así, que muchas personas pasan más tiempo con sus hermanos y hermanas en la fe que con sus propios familiares.

En segundo lugar, encontramos la "Iglesia" como estructura. Visto de otro modo, nos referimos a las asociaciones o grupos de Iglesias locales. En ocasiones, esas asociaciones o grupos se unen en base a su tradición histórica o teológica, formando "familias de fe". Por ejemplo, existen concilios, denominaciones e Iglesias que se sienten hermanadas por su doctrina y por su forma de gobierno. Esto explica por qué existen las grandes divisiones en el cristianismo, entre la Iglesia Católica, las Iglesias Ortodoxas, el movimiento protestante, las Iglesias libres y el pentecostalismo.

También llamamos "Iglesia" a grupos que surgen espontáneamente en diversos contextos, tales como las alianzas ministeriales y los grupos que se unen para lidiar con problemas sociales que afectan específicamente a algunas comunidades. Como, del mismo modo, llamamos "Iglesia" a las agrupaciones de comunidades de fe, que colaboran a pesar de sus diferencias teológicas, historias y étnicas. Por ejemplo, cuando el Concilio de Iglesias de Puerto Rico (CIPR) habla, expresa la voz de gran parte de la "Iglesia" en nuestro país.

En tercer lugar, hablamos de la "Iglesia" para referirnos a una entidad espiritual que trasciende el tiempo y el espacio.

La Iglesia es el cuerpo místico de Cristo Jesús, quien, a su vez es la cabeza de la Iglesia. Esta enseñanza bíblica se encuentra, entre otros textos, en Efesios 1:20-23 (RVR 95):

> Esta fuerza operó en Cristo, resucitándolo de los muertos y sentándolo a su derecha en los lugares celestiales, sobre todo principado y autoridad, poder y señorío, y sobre todo nombre que se nombra, no sólo en este siglo, sino también en el venidero. Y sometió todas las cosas debajo de sus pies, y lo dio por cabeza sobre todas las cosas a la iglesia, la cual es su cuerpo, la plenitud de Aquel que todo lo llena en todo.

Esto nos permite afirmar que la "Iglesia" incluye a todas las personas que han tenido fe en Dios a través del tiempo y el espacio, desde los patriarcas y las matriarcas del Antiguo Testamento, pasando por la Era Apostólica, hasta llegar a la Iglesia Moderna y Contemporánea. La Iglesia de Jesucristo, como realidad espiritual, incluye a personas de todo tiempo, de todo lugar y de toda lengua, hermanadas por la fe en Dios.

## LAS CONTRADICCIONES DE LA IGLESIA

Estas definiciones ilustran cuán difícil es hablar de la Iglesia. Si bien la Iglesia, en su nivel universal, vive en santidad, comunión mutua y unidad con Dios, la Iglesia al nivel estructural y local sufre de las mismas pasiones y pecados que afectan a toda la humanidad.

- Mientras la Iglesia Universal es santa, la Iglesia local es una comunidad de personas pecadoras que estamos tratando de ser fiel a Dios en medio de la lucha por la vida.
- Mientras la Iglesia Universal es una, la Iglesia local está dividida de acuerdo a posiciones teológicas, tradiciones

históricas, prácticas pastorales, aspectos culturales y realidades sociales.
- Mientras la Iglesia Universal goza de la "comunión de los santos" donde todas las personas de fe comparten la presencia de Dios, la Iglesia local puede verse plagada de rencillas, divisiones violentas y hasta de guerras sangrientas.

No obstante, Cristo está sobre todas esas divisiones y contradicciones, dado que su obra es la base de la Iglesia.

## LA CONFESIÓN DE FE ANTE TODO

Mateo 16, a partir del versículo 13, describe el intercambio que tuvo Jesús de Nazaret con Simón Pedro cerca de una ciudad llamada Cesarea de Filipos. Después de que los fariseos habían puesto la autoridad de Jesús en tela de juicio (Mt. 16:1-12), Jesús les preguntó a sus discípulos su opinión: Y ustedes, ¿quién dicen que soy yo? (v. 15). Pedro respondió al desafío de Jesús, diciendo: ¡Tú eres el Cristo, el Hijo del Dios viviente! (v. 16). Y Jesús respondió a su afirmación diciendo:

> *Bienaventurado eres, Simón, hijo de Jonás, porque no te lo reveló ningún mortal, sino mi Padre que está en los cielos. Y yo te digo que tú eres Pedro, y sobre esta roca edificaré mi iglesia, y las puertas del Hades no podrán vencerla.* (Mt 16:17-18)

En este contexto, la "roca" no es Pedro, cuyo nombre quería decir "piedra" o "gravilla". La confesión de fe en Jesús como el Mesías enviado por Dios para salvar a la humanidad es la "roca" sobre la cual está edificada la Iglesia Universal.

## CONCLUSIÓN

En resumen, cuando decimos "creo en la Iglesia", estamos afirmando que hemos confesado a Cristo Jesús como Mesías, como Señor y como Salvador.

Cuando decimos "creo en la Iglesia", estamos afirmando que aspiramos a formar parte del "Cuerpo Místico" de Cristo; de esa Iglesia Universal que trasciende en tiempo y el espacio.

Cuando decimos "creo en la Iglesia" nos insertamos en la historia de Dios y adquirimos una memoria milenaria que llega hasta Abraham y Sara.

Por eso, y desde esa perspectiva, hoy me atrevo a proclamar que "Creo en la Santa Iglesia Universal y en la comunión de los santos", en el nombre de Jesús. AMÉN

# 28 † Creo en el perdón de los pecados

- **Texto:** Juan 3:16
- **Idea central:** El escándalo del Evangelio es que Dios ama y perdona al pecador.
- **Área:** Formación espiritual
- **Propósito:** Recalcar la importancia del perdón de los pecados.
- **Diseño:** Expositivo
- **Lógica:** Inductiva

## INTRODUCCIÓN

*Porque de tal manera amó Dios al mundo, que ha dado a su Hijo unigénito, para que todo aquel que en él cree no se pierda, sino que tenga vida eterna.*

Juan 3:16 (RVC)

El versículo 16 del tercer capítulo del Evangelio según Juan es uno de los textos bíblicos más conocidos y reconocidos. Algunas personas piensan que es el resumen perfecto del mensaje evangélico, razón por la cual lo citan constantemente. Esto explica por qué es común ver pancartas que dicen Juan 3:16 en eventos deportivos, particularmente en aquellos que se transmiten por televisión.

Ahora bien, ¿por qué es tan importante este pasaje bíblico? ¿Qué características particulares tiene? Además, ¿cómo se relaciona Juan 3:16 con el Credo de los Apóstoles, especialmente con la frase que dice "Creo en...el perdón de los pecados"?

## EL CONTEXTO DE JUAN 3:16

Para interpretar cualquier pasaje bíblico, debemos verlo en contexto. En este caso, debemos ver Juan 3:16 en el contexto del capítulo 3. ¿Qué ocurre en esa porción bíblica? La misma comienza narrando el encuentro entre Jesús de Nazaret y un líder político y religioso. El hombre se llamaba Nicodemo, nombre griego que quiere decir "el que vence a los pueblos", y la Biblia afirma que formaba parte de la élite de poder que gobernaba el mundo judío en tiempos de Jesús (véase Jn 3:1 y 7:50).

Este hombre se enfrasca en una discusión con Jesús sobre el significado de la salvación. Jesús le desafía indicándole que debe "nacer de nuevo" para ver el reino de Dios (v. 3). Y ante las protestas del hombre recalca que es necesario nacer "del agua y del espíritu" para participar del reino (v. 5).

Las interpretaciones sobre este texto varían mucho. Sin embargo, podemos afirmar que parte de la controversia gira en torno al bautismo. Aunque los judíos no se bautizaban, su religión prescribía baños rituales que simbolizaban la purificación de los pecados. Estos baños rituales eran particularmente importantes en el caso de las personas extranjeras que se convertían al judaísmo. Los "prosélitos", como se les llamaba a estas personas, debían pasar por un baño ritual donde se les sumergía en las aguas para simbolizar el abandono de las religiones paganas para abrazar la fe de Israel. Y este acto, que algunos llamaban el "bautismo de prosélitos", también era descrito como "nacer de nuevo".

En este sentido, lo que Jesús está afirmando empalma con las enseñanzas de Juan el Bautista, quien llamaba a los judíos a bautizarse como un acto que representaba la confesión de pecados. Visto de esta perspectiva, Nicodemo comprende perfectamente las palabras de Jesús quien afirma que todo hombre judío debe bautizarse para ver el reino de Dios. Y eso es lo que le ofende, que Jesús está equiparando a los judíos con los no-judíos; que Jesús dice que tanto judíos como paganos deben confesar sus pecados para formar parte de la familia de Dios.

La diferencia entre Juan y Jesús es que el primero recalca la importancia del arrepentimiento mientras Jesús recalca la obra del Espíritu Santo en el creyente. Empero, en el contexto del Evangelio según Juan, esto no es un problema, dado que a finales del mismo capítulo 3 encontramos una sección donde se explica la relación entre Juan y Jesús. Allí se recalca que Juan era un precursor de Jesús, quien es el enviado de Dios para la salvación de la humanidad (vv. 22 al 36).

## EL ESCÁNDALO DE JUAN 3:16

¿Qué porción queda entre estas dos secciones? Entre el debate con Nicodemo y la declaración sobre la relación entre Juan y Jesús, encontramos los versículos 16 al 21, que dicen:

> *Porque de tal manera amó Dios al mundo, que ha dado a su Hijo unigénito, para que todo aquel que en él cree no se pierda, sino que tenga vida eterna. Porque Dios no envió a su Hijo al mundo para condenar al mundo, sino para que el mundo sea salvo por él. El que en él cree, no es condenado;*

> *pero el que no cree, ya ha sido condenado, porque no ha creído en el nombre del unigénito Hijo de Dios. Y ésta es la condenación: que la luz vino al mundo, pero los hombres amaron más las tinieblas que la luz, porque sus obras eran malas. Porque todo aquel que hace lo malo, aborrece la luz y no se acerca a la luz, para que sus obras no sean reprendidas. Pero el que practica la verdad viene a la luz, para que sea evidente que sus obras son hechas en Dios.*

Juan 3:16 indica que hay una cualidad o atributo divino que ha motivado a Dios a salvar a la humanidad pecadora. Ese atributo es el amor. Dios ama a la humanidad con tanta intensidad que ha enviado a su propio hijo, Jesucristo, a dar su vida de manera que todo hombre y toda mujer tenga oportunidad de salvación.

¿De qué la humanidad necesita salvación? Necesitamos salvación de la "condenación", definida en el versículo 19 como el amor a las tinieblas. En otras palabras, necesitamos salvación de nuestra condición de pecado.

¿Y qué es el pecado? Es una fuerza espiritual maligna que desea destruir al ser humano. Es una fuerza destructiva que intenta destruir las relaciones entre el ser humano con Dios; entre los seres humanos; entre el ser humano y su propio ser; y entre el ser humano y la creación.

Esa condición de pecado no sólo afecta a la humanidad, sino que también afecta a la sociedad. Del mismo modo que una persona puede convertirse en un agente del mal, una institución puede convertirse también en instrumento del pecado.

Vista contra este marco teológico, la buena noticia que nos ofrece Juan es hasta escandalosa. El evangelio afirma que Dios ama al ser humano, a pesar de sus pecados, y que desea salvarlo de la condenación. El Evangelio afirma que Dios ama tanto a la humanidad, que ha enviado a su propio hijo para que todo hombre y toda mujer pueda pasar de las tinieblas del pecado a la luz de la salvación.

## CONCLUSIÓN

Pasemos ahora a considerar esa frase del Credo de los Apóstoles que dice: "Creo en...el perdón de los pecados". Esta afirmación es totalmente congruente con el mensaje evangélico, que hemos visto ejemplificado en Juan 3:16.

*Creemos en el perdón de los pecados, porque creemos en el Dios que ama tanto a los seres humanos pecadores que ha enviado a su hijo para liberarnos del pecado.*

*Decir "Creo en el perdón de los pecados" quiere decir que confesamos nuestra maldad y le rogamos a Dios que nos libere del pecado que nos oprime.*

*Decir "Creo en el perdón de los pecados" quiere decir que abandonamos toda actitud triunfalista que nos lleve a juzgar a los demás con dureza, como si fuéramos superiores a los demás.*

*Decir "Creo en el perdón de los pecados" quiere decir que nos comprometemos a predicar el Evangelio desde el amor y la solidaridad, como personas perdonadas por la inmerecida gracia de Dios.*

Demos, pues, gracias a Dios por el "escándalo del evangelio": que Dios ama y perdona al pecador.

# 29 † Creo en la vida perdurable

- **Texto:** 1 Juan 5:13
- **Idea central:** Dios promete vida perdurable por medio de la obra de Jesucristo como un regalo de amor a todas las personas que le aman.
- **Área:** Formación espiritual
- **Propósito:** Explorar el significado del concepto "vida eterna".
- **Diseño:** Temático-Doctrinal
- **Lógica:** Inductiva

## INTRODUCCIÓN

El Credo de los Apóstoles, declaración de fe que ha estado guiando nuestra reflexión durante varios meses, concluye diciendo: "Creo en...la resurrección de la carne y la vida perdurable. Amén."

Esta frase pone en paralelo dos conceptos: la resurrección y la vida perdurable. De este modo enlaza las dos ideas y nos lleva a comprender que la una nos lleva necesariamente a la otra. Por lo tanto, podemos afirmar que la esperanza de resurrección está íntimamente relacionada a la idea de la vida perdurable en comunión con nuestro Dios.

## LO QUE NO ES

Este es un tema ciertamente difícil, en gran medida por las ideas falsas que están en la mente y en el corazón de nuestro pueblo. En particular, deseo en esta ocasión identificar dos conceptos equivocadas que la gente tiene sobre la eternidad. El primero es que el alma de todo ser humano es inmortal. Es la idea de que el espíritu no puede morir, sino que vive por siempre en algún rincón del mundo espiritual.

Esta idea no proviene de la Biblia, sino del pensamiento de los griegos y de los romanos. En particular, ha llegado a la Iglesia por medio de una filosofía llamada el gnosticismo. Esta fue una doctrina filosófica y religiosa, originada durante los primeros siglos de la Iglesia, que mezcla ideas cristianas con creencias judaicas, griegas y persas. El gnosticismo pretendía tener un conocimiento intuitivo y misterioso de las cosas divinas.

De acuerdo al gnosticismo, antes de la creación del mundo lo único que existía era una masa de espiritualidad y de luz pura. Esa masa, llamada el "logos", explotó creando así los seres espíritus superiores y los espíritus de todo ser humano. De acuerdo a esta visión, el cuerpo es "malo", ya que es la "tumba del alma". Al morir, el espíritu es liberado de la materia mala que le rodea y vuelve al cosmos para unirse a otros pedazos del logos. Al final de los tiempos, se esperaba que todos los seres espirituales volvieran a unirse para reconstituir el logos.

El gnosticismo también explica por qué muchas personas piensan que, al final, todos los seres humanos serán salvos. Creen que toda persona, sin importar su comportamiento o su maldad, alcanzará salvación porque su espíritu se unirá a Dios. De este modo, hacen una lectura gnóstica del Nuevo Testamento e invalidan las enseñanzas bíblicas sobre el juicio divino y sobre la salvación.

## LO QUE ES

Ya sé que algunos están sorprendidos por mis palabras, porque las creencias que estoy criticando son tan comunes que ciertamente entre nosotros hay personas que las creen. Empero, la verdad es que la Biblia nos enseña que el alma puede morir. Lo que es más, Apocalipsis 20 describe el juicio final donde las personas condenadas y los seres espirituales que han sido agentes del mal morirán para siempre. Veamos lo que dice Apocalipsis 20:11-15:

> Vi también un gran trono blanco, y al que estaba sentado en él. De su presencia huyeron la tierra y el cielo, y no se volvió a hallar su lugar. Vi entonces de pie, ante Dios, a los muertos, grandes y pequeños. Unos libros fueron abiertos, y después otro más, que es el libro de la vida. Los muertos fueron juzgados conforme a sus obras y conforme a lo que estaba anotado en los libros. El mar entregó los muertos que yacían en él; también la muerte y el Hades entregaron los muertos que yacían con ellos, y cada uno fue juzgado conforme a sus obras. Luego la muerte y el Hades fueron lanzados al lago de fuego. Ésta es la muerte segunda. Todos los que no tenían su nombre registrado en el libro de la vida fueron lanzados al lago de fuego.

El texto no puede ser más claro. Habla de la muerte espiritual de aquellos seres que han perseverado en la maldad, convirtiendo en agentes del pecado y de la muerte. Para decirlo con toda claridad, la Biblia no afirma la inmortalidad del alma, sino la resurrección del cuerpo. Esta no es una mera "resucitación" de la carne, sino una transformación espiritual como dice 1 Corintios 15:39-44:

> No todos los cuerpos son iguales, sino que uno es el cuerpo de los hombres, y otro muy distinto el de los animales, otro el

> *de los peces, y otro el de las aves. También hay cuerpos celestiales, y cuerpos terrenales; pero la gloria de los celestiales es una, y la de los terrenales es otra. Uno es el esplendor del sol, otro el de la luna, y otro el de las estrellas, pues una estrella es diferente de otra en su magnificencia. Así será también en la resurrección de los muertos: Lo que se siembra en corrupción, resucitará en incorrupción; lo que se siembra en deshonra, resucitará en gloria; lo que se siembra en debilidad, resucitará en poder. Se siembra un cuerpo animal, y resucitará un cuerpo espiritual. Porque así como hay un cuerpo animal, hay también un cuerpo espiritual.*

Por lo tanto, la resurrección es la transformación del cuerpo humano en un cuerpo espiritual porque ni la carne ni la sangre pueden heredar el reino de Dios, y tampoco la corrupción puede heredar la incorrupción (1 Co 15:50). Esa transformación es lo que hará posible que las personas salvas vivan en comunión con Dios, por lo que texto continúa diciendo:

> *Porque es necesario que lo corruptible se vista de incorrupción, y lo mortal se vista de inmortalidad. Y cuando esto, que es corruptible, se haya vestido de incorrupción, y esto, que es mortal, se haya vestido de inmortalidad, entonces se cumplirá la palabra escrita: "Devorada será la muerte por la victoria". ¿Dónde está, oh muerte, tu aguijón? ¿Dónde, oh sepulcro, tu victoria?* (1 Co 15:53-55)

Esta transformación es lo que la Biblia llama la "vida eterna" y lo que el Credo de los Apóstoles llama "la vida perdurable". Esa vida se alcanza porque el Dios eterno nos ama, nos acepta y nos da vida a su lado. Y como Dios es eterno, confiamos que estaremos con Dios por la eternidad.

Esta es la promesa que encontramos en Juan 3:16, que dice: "Porque de tal manera amó Dios al mundo, que ha dado a su Hijo unigénito, para que todo aquel que en él cree no se pierda, sino que tenga vida eterna".

## CONCLUSIÓN

En la Primera Epístola de Juan, específicamente en el versículo 13 del capítulo 5, encontramos estas palabras: "Les he escrito estas cosas a ustedes, los que creen en el nombre del Hijo de Dios, para que sepan que tienen vida eterna".

Esta es, pues, nuestra confianza. Creemos que Dios, en su inmenso amor y por sus múltiples misericordias, ha prometido darle vida perdurable a aquellas personas que le aman. Es un regalo de amor, regalo que no merecemos, pero sólo recibimos por la gracia de Dios manifestada en la persona, la obra y las enseñanzas de Cristo Jesús, Señor nuestro.

¿Cómo debemos responder a esta promesa de amor? Sugiero que usemos la palabra final del Credo de los Apóstoles para responder a la promesa de vida perdurable que Dios nos ha dado en Cristo. El Credo termina con la palabra "Amén", una expresión hebrea que quiere decir "así sea".

Respondamos a la promesa de vida perdurable, perpetua y sempiterna diciendo: "¡Amén! ¡Que así sea, Señor! Deseamos estar contigo por las edades, disfrutando por siempre de tu inmenso e inmerecido amor.

# † Epílogo

*Por Pablo A. Jiménez*

La teología pastoral es un proceso de acción y reflexión donde la teoría se encarna en una práctica de la fe que se vive en un contexto histórico dado. Por eso, predicar toda una serie de sermones sobre el Credo de los Apóstoles fue una experiencia espiritual muy rica, tanto para mi como para mi congregación. En términos personales, me ayudó a profundizar en el estudio de la doctrina cristiana, enriqueciendo el contenido de mis sermones, de mis estudios bíblicos y de mis clases sobre teología pastoral. En términos ministeriales, fue una oportunidad para darle "alimento sólido" a mi Iglesia local, quien también pudo crecer en la fe, profundizando en el discipulado cristiano.

Espero en Dios que usted pueda usar este libro como una herramienta para comprender mejor la teología cristiana y para enriquecer el contenido doctrinal de sus sermones. La lectura de la primera parte, escrita por Justo L. González, seguramente le ayudará a comprender mejor las bases del pensamiento cristiano. Y los manuscritos de sermones que aparecen en la segunda parte le darán ideas para diseñar y predicar sus propios sermones sobre estos temas fundamentales para el discipulado cristiano.

Nos despedimos, pues, orando a Dios por usted, pidiendo que le bendiga y que le ilumine en su caminar de fe.

# † Bibliografía

## BIBLIAS DE ESTUDIO

*Biblia de estudio Mundo Hispano.* El Paso, TX: Casa Bautista de Publicaciones, 2012.
*La Biblia para la predicación.* Miami: Sociedades Bíblicas Unidas, 2013.

## LIBROS

**Arrastía**, Cecilio. *Teoría y práctica de la predicación.* Miami: Caribe, 1978.
**Barth**, Karl. *La proclamación del evangelio.* Salamanca: Sígueme, 1969.
**Boff**, Leonardo. *Teología desde el lugar del pobre.* Santander: Sal Terrae, 1986.
**Castro**, Emilio. *Las preguntas de Dios: La predicación evangélica en América Latina.* Buenos Aires: Ediciones Kairós, 2004.
**Costas**, Orlando E. *Comunicación por medio de la predicación.* San José: Caribe, 1973.
\_\_\_\_\_, Editor. *Predicación evangélica y teología hispana.* Miami: Editorial Caribe / San Diego: Editorial Las Américas, 1982.

González, Justo L. ***Breve historia de las doctrinas cristianas.*** Nashville: Abingdon Press, 2007.

\_\_\_\_\_. ***Diccionario manual de teología.*** Barcelona: Editorial CLIE, 2011.

\_\_\_\_\_. ***Historia del cristianismo: Obra Completa.*** Miami: UNILIT, 2010.

\_\_\_\_\_. ***Historia del pensamiento cristiano.*** Barcelona: Editorial CLIE, 2011.

González, Justo L., editor. ***Diccionario Ilustrado de Intérpretes de la fe.*** Barcelona: Editorial CLIE, 2o08.

González, Justo L. & Zaida Maldonado-Pérez. ***Introducción a la teología cristiana.*** Nashville: Abingdon Press, 2003.

**Ham-Stanard,** Carlos Emilio. ***El trípode homilético: Una guía para predicadores laicos.*** Quito: CLAI, 2000.

**Jiménez,** Pablo A. ***La Predicación en el Siglo XXI.*** *Barcelona: Editorial CLIE, 2009.*

\_\_\_\_\_. ***Principios de predicación.*** Nashville: Abingdon, 2003.

**Jiménez,** Pablo A. & Justo L. **González. *Manual de homilética hispana: Teoría y práctica desde la diáspora.*** *Barcelona: Editorial CLIE, 2006.*

**Mottesi,** Osvaldo. ***Predicación y misión: Una perspectiva pastoral.*** Miami: Logoi, 1989.

**Vila,** Samuel. **Cómo explicar el Credo.** Barcelona: Editorial CLIE, 1983.

## ARTÍCULOS & ENSAYOS

**Arrastía,** Cecilio. "Predicadores y predicadores". **Pastoralia** 4:9 (Diciembre 1982), pp. 40-43.

\_\_\_\_\_. "Teología para predicadores". **Pastoralia** 4:9 (Diciembre 1982), pp. 47-59.

\_\_\_\_\_. "La iglesia: Comunidad hermenéutica". **Pastoralia** 4:9 (Diciembre 1982), pp. 67-73.

**Bonilla,** Plutarco. "Cecilio Arrastía: El hombre, el escritor y el predicador". **Pastoralia** 4:9 (Diciembre 1982), pp. 6-35.

**Jiménez,** Pablo A. "Fuentes teológicas y sociales de la predicación cristiana". **Misión Evangélica Hoy** 13 (2004): 7-17.

_____. "In Search of a Hispanic Model of Biblical Interpretation". **Journal of Hispanic / Latino Theology** 3:2 (Noviembre 1995), pp. 44-64.

_____. "Nuevos horizontes en la predicación". En **Púlpito cristiano y justicia social**. Editado por Daniel R. Rodríguez and Rodolfo Espinosa. México: Publicaciones El Faro, 1994.

_____. "Predicadores, profetas y sacerdotes". **La Biblia en las Américas** 53 #236 (#4 1998), pp. 23-25.

_____. "Predicación y Postmodernidad: Dos aportes a la discusión". **Apuntes** 19:1 (Primavera 1999), pp. 3-7.

**Van Seters,** Arthur. "Una hermenéutica social hacia una revolución en la predicación". **Vida y Pensamiento** 2:1 (Enero-Junio 1982), pp. 42-52.

Su opinión es importante para nosotros. Por gentileza, mande sus comentarios por *e-mail*:
editorial@editorialhagnos.com

hagnos

Visite nuestro *sitio web*:
www.editorialhagnos.com

Esta obra fue compuesta con la fuente Goudy Old 11,5/14,4 e impresa en la Imprensa da Fé.
São Paulo, Brasil.
Otoño de 2018.